기독교문서선교회 (Christian Literature Center: 약칭 CLC)는 1941년 영국 콜체스터에서 켄 아담스에 의해 시작되었으며 국제 본부는 미국 필라델피아에 있습니다. 국제 CLC는 약 650여 명의 선교사들이 59개 나라에서 180개의 서점을 운영하며 이동 도서 차량 40대를 이용하여 문서 보급에 힘쓰고 있으며 이메일 주문을 통해 130여 국으로 책을 공급하고 있는 국제적 문서선교 기관입니다.

추천사

서 정 오 목사

동숭교회 원로목사

여러 해 함께 신앙생활을 했던 유태우 박사가 번역한 『내 몸 사용 설명서』를 읽기도 하고, 영성가 게리 토마스가 쓴 『내 몸 사용 안내서』를 읽기도 했지만, 이번에 이광재 목사님이 보내 주신 원고 『죽음 사용 설명서』의 제목을 보는 순간, 한편 놀라기도 하고 한편 목사님의 용기가 대단하다고 느꼈습니다.

죽음에 대하여 별로 생각하지 않고 살아가는, 아니 죽음에 대하여 잊고 살아보려고 애쓰는 현대인들, 천국의 소망을 말하면서도 죽음에 대해서는 금기시하는 신앙인들이 많은 이 시대에, 감히 '죽음'이라는 주제로 책 한 권을 쓴다는 것은 보통 용기가 아니라는 생각이 들었습니다.

사실 어떤 철학자의 말처럼, 우리는 죽음을 뒤통수에 달고 다니는 존재들입니다. 제가 섬기던 교회 성도 중에도 남편이 저녁 잘 잡수시고 자리에 누웠는데, 아침에 일어나 보니, 소천하셔서, 안타까운 마음으로 장례를 치렀던 기억이 생생합니다. 며칠 전 친척 어른 중 한 분이 돌아가시기 2시간 전까지도 아주 건강하게 말씀하시다 갑자기 소천하신 일도 있었습니다.

이 좁은 한국 땅에 교통사고로 돌아가시는 분이 하루 평균 15명이라 합니다.

그들 중에 어느 누가 아침에 집을 나서면서, 자신이 오늘 집에 돌아오지 못할 것이라는 사실을 알았을까요?

이런 점에서 오래전 부흥사들이 '죽을 준비가 되어 있지 않은 사람은 살 준비가 되어 있지 않은 것'이라 설교하시던 말씀들이 기억납니다.

어느 누구도 거론조차 쉽지 않은 '죽음'의 문제로 복음서와 서신서를 중심으로 죽음의 의미, 죽음을 대하는 자세, 그리고 그 죽음을 넘어서 영생하는 복음을 읽는 사람들에게 설득력 있게 전하고 있는 이 목사님의 글을 읽다가 보면, 절로 나의 죽음에 대하여 깊이 생각하게 됩니다.

'사생관'(死生觀)이 분명한 군인이 제대로 나라를 지키는 훌륭한 군인이 될 수 있듯이, 죽는 문제에 대하여 분명한 믿음의 고백이 있고, 그렇게 살아갈 준비가 되어 있는 신앙인이 주어진 사명을 잘 감당하는 온전한 신앙인이 될 것이라고 확신합니다.

본서를 읽는 독자들 모두가 예수님처럼, 스데반처럼, 바울처럼 죽음 앞에서 오히려 사명을 잘 감당한 자만이 고백할 수 있는 기쁨, 감격을 누릴 수 있기를 기도합니다.

죽음 사용 설명서

신약성경의 관점으로 바라본 죽음이야기

The User's Guide to Dying
Written by KwangJae Lee
All rights reserved.
Korean Edition Copyright ⓒ 2025 by Christian Literature Center, Seoul, Korea

죽음 사용 설명서

신약성경의 관점으로 바라본 죽음이야기

2025년 11월 30일 초판 발행

지 은 이 | 이광재

편　　집 | 오연성
디 자 인 | 소신애
펴 낸 곳 | (사)기독교문서선교회
등　　록 | 제16-25호(1980. 1. 18.)
주　　소 | 서울특별시 동대문구 천호대로71길 39
전　　화 | 02-586-8761~3(본사) 031-942-8761(영업부)
팩　　스 | 02-523-0131(본사) 031-942-8763(영업부)
이 메 일 | clckor@gmail.com
홈페이지 | www.clcbook.com
송금계좌 | 기업은행 073-000308-04-020 (사)기독교문서선교회
일련번호 | 2025-92

ISBN 978-89-341-2883-0 (03230)

이 책의 출판권은 (사)기독교문서선교회가 소유합니다.
신저작권법에 의하여 한국 내에서 보호받는 저작물이므로 무단 전재와 무단 복제를 금합니다.

신약성경의 관점으로 바라본 죽음 이야기

죽음사용설명서

이 광 재 지음

CLC

목차

추천사	서 정 오 목사 ǀ 동숭교회 원로목사	1
저자 서문	왜 우리에게 『죽음 사용 설명서』가 필요한가?	8

제1부 / 복음서로 읽는 죽음   11

제1장 죽음을 연습하라   12
죽음을 연습하는 것은 나 자신과 주변 사람들이 함께
하나님 앞에 서기 위한 준비가 됩니다.

제2장 죽음DNA를 오프(OFF)하라   31
죽음DNA를 비활성화시키고 기도DNA를 활성화시켜야
담대하게 죽음 앞에 설 수 있습니다.

제3장 죽음은 유턴이다   49
죽음은 하나님께로 돌아가는 유턴이기에 하늘로 돌아가기 전에
내게 맡기신 일들을 마무리해야 합니다.

제4장 삶이 죽음에게 길을 묻는다   70
죽음이 가르쳐 준 삶의 방식을 따라 살아가는 지혜가 필요합니다.
그것이 바로 내게 주신 자들을 사랑하며 살아가는 것입니다.

제5장 마지막 말 한마디를 준비하라   88
세상에 남기는 유언이 아닌 하나님 앞에 서기 위한
마지막 말 한마디를 준비해야 합니다.

제6장 죽음을 기억(記憶)하라   107
크리스천들은 예수님의 죽음을 기억하는 자들이고,
나의 죽음을 통해 예수님을 기억나게 하는 사람입니다.

제2부
서신서로 읽는 죽음 124

제1장 질서에 순종하고 운명을 거부하는 크리스천 125
크리스천은 죽음이라는 명확한 하나님의 질서 안에서
운명과 팔자를 바꾸는 자들입니다.

제2장 죽음 이후를 살아가는 크리스천 143
크리스천들에게는 죽음 이후 놀라운 삶이 시작됩니다.

제3장 크리스천을 위한 특급서비스 163
크리스천들은 천국에서 놀라운 서비스를 경험하게 됩니다.

제4장 죽음을 대하는 크리스천의 태도관 184
크리스천들은 죽음에 대한 다른 태도를 가져야 합니다.

제5장 카이로스로 바라보는 크리스천의 죽음관 202
크리스천들은 크로노스가 아닌
카이로스로 죽음을 바라보아야 합니다.

제6장 쓸모없는 이를 위한 죽음 221
쓸모없는 우리를 위해 죽으신 예수님으로 인해
쓸모 있는 자가 되기 위한 용기가 필요합니다.

저자 서문

왜 우리에게
『죽음 사용 설명서』가 필요한가?

삶이 아무리 바쁘고 풍요롭다 한들, 우리는 결코 죽음이라는 문턱을 피해갈 수 없습니다. 죽음은 현대 사회에서 가장 큰 금기이자, 가장 깊은 공포의 대상입니다. 우리는 죽음을 외면하고, 억누르고, 마치 영원히 살 것처럼 오늘을 살아갑니다. 이는 마치 치명적인 폭풍이 다가오는데도 사용 설명서도 보지 않고 배를 조종하는 것과 같습니다.

그러나 기독교인에게 죽음은 단절이 아닙니다. 끝이 아닙니다. 그것은 우리가 오랫동안 고대해 온 하나님 앞에 서는, 장엄한 전환의 순간입니다. 하나님 앞에 선다는 이 엄숙한 진실 앞에서 우리는 진지한 질문을 던져야 합니다.

"그 순간을 어떻게 준비해야 할까?"
"죽음 이후의 영원한 삶을 위해 지금 무엇을 해야 할까?"

이것이 바로 우리에게 성경이 말하는 『죽음 사용 설명서』가 절실한 이유입니다. 세상은 죽음을 공포와 무의미로 가득 찬 '끝'으로만 이야기합니다. 그러나 성경은 전혀 다른 관점을 제시합니다. 신약성경, 특히 복음서와 서신서는 예수 그리스도의 죽음과 부활을 통해 죽음의 본질을 뒤집고 그것을 '영생으로 들어가는 문'으로 선포합니다.

죽음은 더 이상 두려움과 공포가 아닌 그리스도 안에서 맡기신 모든 것을 다 이룬 자들에게 주어지는 승리의 개선이 됩니다.

『죽음 사용 설명서』는 죽음을 바라보는 시선을 풍문으로 들었던 지식이나 세상적인 이론에 근거한 것이 아니라 하나님의 말씀인 성경에 기반을 두고 있습니다. 복음서에서 발견하는 죽음에 관한 이야기는 예수님과 연결되고 서신서에 발견되는 죽음은 그리스도의 죽음과 부활을 직간접적으로 경험한 자들의 증언이며 또한 그들이 보고 들었던 내용을 담고 있습니다. 그렇기에 기독교에서 말하는 죽음에 대한 이해와 죽음 이후의 세계가 다르게 펼쳐지는 것입니다.

죽음은 운명론적으로 받아들여야 할 무거운 짐이 되기도 하지만 믿는 자에게는 죽음 이후에 주어질 새로운 삶에 대한 놀라운 기대와 소망으로 채워지는 시간입니다. 그러기에 죽음을 대하는 태도도 달라져야 하고 또한 죽음을 바라보는 관점도 변화되어야 합니다.

본서가 필요한 이유는 간단합니다. 죽음을 올바로 이해하지 못하면 삶도 제대로 살 수 없기 때문입니다. 죽음이 단순한 생물학적 종말이라면, 삶은 결국 허무로 귀결될 수밖에 없습니다. 그러나 죽음이 그리스도 안에서 하나님께로 돌아가는 신성한 순간이라면 오늘 우리의 삶 자체가 그 영원한 만남을 준비하는 '훈련의 장'이 됩니다.

죽음에 대한 성경적 이해는 오늘 우리가 내리는 선택, 우리가 품는 소망, 우리가 겪는 고난, 그리고 우리가 누리는 기쁨에 깊이와 방향을 부여합니다.

『죽음 사용 설명서』는 단순히 죽음에 대한 지식을 채우는 책이 아닙니다. 본서가 당신의 영혼을 일깨우고, 죽음 앞에서도 확고부동한 소망을 품게 하며, 오늘 이 땅에서의 삶을 더욱 충만하고 담대하게 살아가도록 이끄는 안내서가 되기를 소망합니다.

죽음에 대한 두려움에서 해방되고, 영생의 약속 안에서 오늘을 온전히 사는 일, 그것이 본서가 궁극적으로 지향하는 목적입니다. 하나님 앞에 설 그날을 준비하며 오늘을 더욱 의미 있게 살아가길 소망합니다.

제1부
복음서로 읽는 죽음

제1장

죽음을 연습하라

[마태복음 16:21-28] 21 이 때로부터 예수 그리스도께서 자기가 예루살렘에 올라가 장로들과 대제사장들과 서기관들에게 많은 고난을 받고 죽임을 당하고 제삼일에 살아나야 할 것을 제자들에게 비로소 나타내시니 22 베드로가 예수를 붙들고 항변하여 이르되 주여 그리 마옵소서 이 일이 결코 주께 미치지 아니하리이다 23 예수께서 돌이키시며 베드로에게 이르시되 사탄아 내 뒤로 물러 가라 너는 나를 넘어지게 하는 자로다 네가 하나님의 일을 생각하지 아니하고 도리어 사람의 일을 생각하는도다 하시고 24 이에 예수께서 제자들에게 이르시되 누구든지 나를 따라오려거든 자기를 부인하고 자기 십자가를 지고 나를 따를 것이니라 25 누구든지 제 목숨을 구원하고자 하면 잃을 것이요 누구든지 나를 위하여 제 목숨을 잃으면 찾으리라 26 사람이 만일 온 천하를 얻고도 제 목숨을 잃으면 무엇이 유익하리요 사람이 무엇을 주고 제 목숨과 바꾸겠느냐 27 인자가 아버지의 영광으로 그 천사들과 함께 오리니 그 때에 각 사람이 행한 대로 갚으리라 28 진실로 너희에게 이르노니 여기 서 있는 사람 중에 죽기 전에 인자가 그 왕권을 가지고 오는 것을 볼 자들도 있느니라

어떤 분이 쓴 글에서 죽음을 '나의 서랍을 누가 여는 것'이라고 정의하는 것을 본 적이 있습니다. 사람은 누구나 자기만의 서랍을 가지고 있습니다. 그 사람이 살아있는 동안 그 누구도 다른 사람의 서랍을 함부로 열 수 없습니다.

하지만 죽음을 맞이하게 되면 내가 아닌 타인이 나의 서랍과 핸드폰과 비밀금고를 열게 됩니다. 자물쇠로 잠겨 있다면 망치로 부서뜨려서라도 반드시 그 속을 엽니다. 이것이 죽음입니다. 그렇기에 우리는 죽음이 오기 전에 인생이라는 서랍을 정리할 필요가 있습니다. 이것을 우리는 '죽음 준비'라고 말합니다. 죽음을 준비하는 사람은 인생이라는 서랍을 정리하듯이 죽음으로 나가기 위해 우리의 삶의 훈련과 연습이 필요합니다.

가끔 축구 국가대표팀이 소집되어 훈련하는 스포츠 뉴스를 보게 됩니다. 각자 다른 리그 또한 다른 나라와 지역에서 활동하는 선수들이 함께 모이는 이유는 국가 간의 평가전이나 월드컵과 같은 큰 대회를 준비하기 위함입니다. 다시 말해, 연습하고 훈련하는 이유는 앞에 있는 어떤 것을 준비하기 위함입니다. 우리 인생에서 죽음은 반드시 준비되어야 할 영역이며 이 준비를 위해 성실한 연습이 필요합니다.

로마의 철학자 키케로는 "지혜로운 사람은 삶 전체가 죽음의 준비"라고 말합니다. 고대 그리스 철학자 소크라테스나 플라톤도 삶의 가장 중요한 목적이 "죽음을 연습하는 것"이라고 가르칩니다. 또한, 중세 유럽의 기독교 수도사들이 만나면 서로 나누는 인사말이 "메멘토 모리"(Memento mori)라고 합니다.

> 네가 죽는다는 것을 잊지 말라.

전도서 기자도 말합니다.
"너는 … 곤고한 날이 이르기 전에, …" 그리고 "해와 빛과 달과 별들이 어둡기 전에, …." 즉, 죽음의 때를 의미합니다. 그날이 오기 전에 너의 창조주를 기억하며 죽음을 준비하라는 말입니다.

좋은 죽음의 조건

미국의 철학자이자 생명 윤리학자인 대니얼 캘러핸(Daniel Callahan)은 좋은 죽음을 자연적 죽음으로 규정하고 네 가지 조건을 제시합니다.

첫째, 개인이 직업적 또는 전문적 영역에서 추구하던 인생의 과제가 어느 정도 성취된 인생의 시기에 맞이하는 죽음(직업적, 전문적인 영역에서 성취가 일어난 후에 맞이하는 죽음)

둘째, 개인이 의무감을 느끼고 있던 사람들에 대한 도덕적 책임에서 벗어났을 때 맞이하는 죽음(의무감, 책임감에서

벗어났을 때 맞이하는 죽음)

 셋째, 다른 사람에게 위협감이나 절망감 또는 분노를 유발하지 않는 죽음(가족이나 주변 사람들에게 불편을 주지 않고 맞이하는 죽음)

 넷째, 죽어 가는 과정에서 참을 수 없고 품위를 떨어뜨리는 통증을 겪지 않는 죽음

 대니얼은 "평화로운 죽음, 품위 있는 죽음"이 좋은 죽음의 핵심적 특징이라 보는 것 같습니다. 예전에 이런 말이 유행한 적이 있습니다.

> 9988234 : 99세까지 팔팔하게 살다가 2~3일만 아프고 죽자.

 그런데 어떤 사람들은 2-3일 아프고 죽는 것보다 잠을 자다가 아무런 고통 없이 평안하게 죽는 죽음을 최고의 좋은 죽음이라고 생각하기도 합니다. 제 주변에도 그러한 죽음을 소원으로 삼고 기도하는 분들도 있습니다. 세상적으로 그러한 죽음도 나쁘지 않습니다. 그러나 여기에는 중요한 한 가지 전제가 빠져 있습니다. '그것은 죽을 준비가 되었는가'하는 것입니다. 죽을 준비되었을 때 평안히 잠을 자다가 죽는 것은 복입니다. 그러나 죽을 준비도 되지 않았는데 평안히 죽는 것은 복이 아니라 저주가 됩니다.

죽음: 하나님 앞에 서는 시간

특별히 크리스천인 우리에게 죽음은 반드시 '준비된 죽음'이어야 합니다. 왜냐하면, 우리는 죽음을 통해 하나님 앞에 서야 하기 때문입니다. 죽음을 나의 관점에서 바라보지 말고 하나님의 관점에서 바라보아야 합니다. 주님께서는 제자들에게 죽음에 대한 분명한 정의를 알려 주기 원하셨습니다.

> 인자가 아버지의 영광으로 그 천사들과 함께 오리니 그때 각 사람이 행한 대로 갚으리라(마 16:27).

이 말씀은 주님의 재림에 대한 말씀입니다. 그러나 우리 관점에서 인자가 오시는 것은 세상의 종말 즉 죽음을 의미합니다. 그날은 "각 사람이 행한 대로 갚아 주시는"(롬 2:6) 주의 심판 앞에 서야 합니다. 우리가 맞이하는 죽음도 예외 없이 주님 앞에 서는 시간입니다. 우리가 행한 대로 보상과 형벌을 받게 됩니다. 그런 의미에서 죽음을 아무런 준비도 없이 또한 아무런 연습도 없이 갑자기 마주하는 것은 안타까운 일이 됩니다.

하나님의 프로그래밍

하나님께서는 천지를 창조하시고 시간을 만드실 때 죽음을 연습하기 위한 프로그램을 만들어 두신 것을 알고 계십니까?

예를 들어, 우리는 매일 깨어남과 수면(잠)으로 나가는 과정을 반복합니다. 우리는 밤에 수면 상태로 나가게 됩니다. 우리의 시간은 흐르지만, 우리의 삶은 잠시 멈추게 됩니다. 이 시간은 우리가 '죽음'을 연습하는 시간이 됩니다. 그리고 아침이 밝아 잠에서 깨는 것은 우리가 경험하는 '부활'을 의미합니다.

우리는 하루라는 일상을 통해 매일 죽음과 부활을 연습하게 됩니다. 그런데 어떤 이들은 그 시간을 통해 죽음과 부활을 경험하는 기회로 삼기도 하지만, 어떤 이들은 아무런 생각 없이 그 시간을 날려 버리기도 합니다. 또한, 우리에게 일주일의 시간이 주어집니다. 우리는 주일이 되면 하나님 앞에 서는 예배로 나가게 됩니다. 예배는 하나님의 거룩하심과 임재 앞에 서는 시간입니다. 이 시간은 우리 인생의 마지막 날 하나님 앞에 서기 위한 훈련의 시간이 됩니다.

그런데 아무런 준비 없이 매 주일 하나님 앞에 서게 된다면 아마도 우리 인생의 마지막 날 하나님 앞에 서는 것도 그와 비슷한 모습으로 서게 될 것입니다. 그리고 하나님께서는 한 해의 시작과 끝을 주시면서 한 해를 돌아보고 새로운 한 해를 준비하게 하십니다. 이 모든 시간여행이 죽음을 연습하고 하나님 앞에 서는 때를 준비하는 하나님의 프로그래밍입니다.

수난 예고: 예수님의 죽음 연습

죽음을 연습하고 준비하는 것은 크리스천들에게 주어진 특권이자 은혜입니다. 본문은 마태복음에 등장하는 네 번의 수난 예고(16장, 17장, 20장, 26장)의 첫 번째 장면입니다. 예수님께서 이렇게 자신의 고난과 죽음에 대해 반복해서 말씀하시는 이유가 있습니다. 하나는 예수님 스스로 자기의 죽음을 연습하시고 준비하시기 위함입니다. 인간의 몸을 입고 오신 예수님께서 죽음에 대한 두려움과 고통을 느끼셨습니다.

마태복음 26장의 겟세마네 기도에서 보여 주신 것처럼 자신이 당할 일에 대해 놀라시고 슬퍼하시고 또한 심히 고민하시는 모습을 발견하게 됩니다. 그렇기에 주님께서도 스스로 자신이 당할 고난과 죽음에 대해 주변 사람들에게 말씀하심으로 앞으로 다가올 죽음에 대해 연습하고 준비하신 것입니다.

수난 예고: 주변 사람들의 죽음 준비

주님께서 수난과 죽음에 대해 말씀하신 또 다른 이유는 주변 사람들이 주님의 죽음을 준비하도록 하기 위함입니다. 그러나 조금 전까지 멋진 신앙고백을 했던 베드로는 주님의 고난과 죽음에 관한 이야기를 듣고 22절 예수님을 붙들고 항변하기 시작합니다. 여기서 사용된 "붙들고"와 "항변하여"라는 단어는 헬라어의 중간태로 사용되었습니다. 중간태는 헬라어에만 있는 문법 용법인데 해석은 '재귀형'(self: 스스로)으로, 용법은 '강조'할 때 사용됩니다.

"붙들고"라는 단어는 중간태의 용법이기에 해석은 '주님을 자신의 곁으로 데리고 갔다'라는 의미입니다. 다시 말해, 주님께서 가시고자 하는 방향이 아니라 자신을 위해 그리고 자신의 방향으로 주님을 끌어당겼다는 것을 의미합니다. 이 말은 주님께서 가시는 길을 반대한다는 의미입니다.

그리고 "항변하다"라는 단어의 원어를 보면 '질책하다, 잘못을 지적하다'라는 의미가 있습니다. 그리고 '말리다'라는 의미도 가집니다. 이 부분도 중간태로 해석하면 '주님을 위하여 말리기 시작했다' 혹은 '주님을 위하여 질책하기 시작했다'라는 의미입니다. 지금 베드로는 자신이 하는 행동을 주님을 위해 하고 있다는 착각 가운데 있음을 보게 됩니다.

베드로의 "결코"와 주님의 "반드시"

그리고 그가 하는 말을 들어보십시오. 22절 "주여 그리 마옵소서 이 일이 결코 주께 미치지 아니하리이다." 그런데 21절 주님께서는 자기가 반드시 고난을 받고 죽임을 당하고 살아날 것이라고 말씀하십니다.

한글 성경에는 나타나지 않지만, 헬라어 원어를 보면 여기에 '데이'(dei)라는 단어가 사용되었는데 그 의미는 '반드시 무엇 무엇을 한다'라는 의미입니다. 영어로 'must'와 같은 의미입니다. 그러면 어떤 의미가 되는가 하면 주님께서는 반드시 죽으셔야 하고 그래서 죽음을 준비하셔야 한다고 말씀하시는 것입니다. 반면, 베드로는 결코 그런 일이 주님께 일어날 수 없고 그렇기에 죽음을 준비하실 필요가 없다고 말하는 것입니다.

우리는 여기서 죽음을 준비하시는 주님과, 죽음과 상관없이 살아가는 베드로의 동상이몽을 발견하게 됩니다. 그런데 베드로는 주님을 위해 그 일을 하고 있다고 생각하는 것입니다. 주님의 방법보다 자신의 방법이 더 옳다고 생각해서 주님을 붙들어 자기 쪽으로 끌어당기려고 합니다. 그래서 '반드시' 그 길을 가시려는 주님께 '결코' 그 길로 가실 수 없다고 막아서는 것입니다.

사람의 일과 하나님의 일

> … 사탄아 내 뒤로 물러 가라 너는 나를 넘어지게 하는 자로다 네가 하나님의 일을 생각하지 아니하고 도리어 사람의 일을 생각하는도다 하시고(마 16:23).

이때 주님께서 베드로에게 말씀하시는 "사탄아"라는 말은 그가 사탄이라는 말이 아니라 그가 하는 행위가 메시아 된 주의 길을 가로막는 사탄과 같은 행동을 하고 있다는 말입니다. 그리고 "내 뒤로 물러가라"라는 말은 주님을 자신이 원하는 방향으로 이끌고 가려고 하지 말고 주님께서 가시는 길을 따라야 한다는 말입니다. 같은 맥락으로 "나를 넘어지게 한다"라는 말은 '나를 넘어지게 하는 걸림돌 혹은 장애물'이라는 말입니다.

한글 성경에는 "하나님의 일"과 "사람의 일"로 번역하고 있지만, RSV 영어 성경은 '하나님의 편'(side), 그리고 '사람의 편으로', 그리고 NASB는 '하나님께 유익'(interests) 그리고 '사람에게 유익'이라고 번역하고 있습니다.

주님의 판단은 베드로가 하나님의 편에 서지 않고 또한 하나님께 유익 되는 선택을 하지 않으시고, 사람 즉 자신에게 유익 되는 선택을 하고 있음을 지적하시는 것입니다. 그리고 '생각하다'라는 말은 '마음에 두다, 중히 여기다'는 뜻인데 지금 베드로가 마음에 두고 있는 중요한 가치가 잘못

되었다는 것을 지적하시는 것입니다.

베드로는 주님께 대한 분명한 믿음과 신앙고백도 가지고 있었습니다. 주님을 위한 열심과 헌신의 자세도 가지고 있었습니다. 그러나 내가 살기 위해 그리고 자신이 살기 원하는 삶을 위해 주님을 끌어당기고 있습니다. 자신의 유익을 위해 하나님의 유익을 방해하고 걸림돌이 되고 있습니다. 근본적인 문제의 원인이 바로 죽음을 연습하고 죽음에 대한 준비가 없기 때문입니다. 그렇기에 세상의 삶이 전부라고 믿고 세상의 방식과 세상의 가치를 따라가는 것입니다.

자기 부인의 삶

그래서 주님께서는 죽음을 연습하고 준비하기 위한 삶의 방법을 알려 주십니다. 그것이 바로 24절에 나오는 '자기 부인과 자기 십자가를 지는 삶'입니다.

> 이에 예수께서 제자들에게 이르시되 누구든지 나를 따라오려거든 자기를 부인하고 자기 십자가를 지고 나를 따를 것이니라 (마 16:24).

"자기를 부인한다"라는 말은 자신의 의지와 뜻을 부정하고 또한 자신의 욕구와 육체의 유혹을 허락지 않고 단호하게 물리치는 적극적인 행동을 의미합니다. 이것은 내가 생각하는 Yes를 No라고 말할 수 있어야 하고 또한 내가 절대 아니라고 생각하는 No를 주님 때문에 Yes할 수 있는 신앙을 의미합니다. 이것은 한 마디로 나의 자아(ego)가 죽는 경험이고 또한 자기 자신에게 사망 선고를 하는 것입니다. 죽음을 준비하는 자는 자기 부인의 삶을 통해 내가 죽는 연습을 해야 합니다.

초기 교회의 신학을 집대성한 신학자인 어거스틴(St. Augustine)은 청년 시절 마니교라는 종교에 심취해서 방탕한 삶을 살았습니다. 그러나 어머니의 눈물 어린 기도와 하나님의 은혜로 회심하고 주님께로 돌아왔습니다. 하루는 길을 가다가 과거에 어울렸던 창녀와 마주치게 되었습니다. 그 창녀가 어거스틴의 이름을 부르며 반갑게 다가왔습니다. 그때 어거스틴이 말합니다.

> 당신이 알던 과거의 어거스틴은 죽었습니다.

그렇습니다. 바로 이것이 자기를 부인하는 것입니다. 과거 육신의 정욕, 안목의 정욕, 그리고 이생의 자랑에 빠져 살던 자기를 청산하고 새로운 자기(self)로 살아가는 것, 이것이 바로 자기를 부인하며 살아가는 삶입니다.

자기 십자가를 지는 삶

자기 십자가를 진다는 것은 십자가 형벌을 선고받은 죄수가 자신이 매달려야 할 십자가를 지고 사형장으로 걸어가는 것을 의미합니다. 자기 십자가를 진다는 것은 죽음을 향해 나가는 것을 의미하고 또한 죽음으로 나가기 위해 내가 감당해야 할 십자가와 같은 고난과 희생을 달게 받아들이는 것을 의미합니다.

어떤 의미에서 자기 십자가를 진다는 것은 하나님께서 내게 주신 사명을 감당하기 위해 희생과 고난을 받아들이는 것을 의미하기도 합니다. 결국 자기 십자가를 지는 삶은 죽음을 연습하는 또 하나의 방법이 됩니다.

자기 부인과 자기 십자가는 모두 죽음을 연습하기 위해 주님께서 우리에게 요구하시는 방법입니다. 주님께서는 자기를 부인하고 자기 십자가를 지고 주님을 따르라고 말씀하십니다. 그래서 죽음을 준비하며 죽음을 연습하는 우리가 나갈 지향점이 바로 '주님'이라는 것을 분명하게 보여 주십니다.

> 누구든지 제 목숨을 구원하고자 하면 잃을 것이요 누구든지 나를 위하여 제 목숨을 잃으면 찾으리라(마 16:25).

그런데 제 목숨을 구원하기 위해 애쓰는 삶은 삶의 방향이 '주님'을 향하는 것이 아니라 '자신'을 향하는 것입니다. 비록 자신이 원하는 방향으로 나가 육적 구원을 얻을지라도 그것은 구원을 얻은 것이 아니라 영적으로 죽는 삶을 의미합니다. 그러나 "누구든지 나를 위하여 제 목숨을 잃으면 찾으리라"라는 말씀은 주님을 향한 방향으로 나가게 되면 죽어도 죽는 것이 아니라 다시 생명을 얻게 되는 시작이라는 것을 우리에게 알려 줍니다.

죽음을 두려워하지 않는 삶

유진벨재단의 인세반 회장이라는 분이 있습니다. 이분은 구한말 한국에 선교사로 들어온 유진벨 선교사의 증손입니다. 유진벨 선교사가 한국에 들어올 당시 님징로교회는 20대의 건강한 젊은이들만 선교사로 파송했습니다.

이들이 조선 땅에 온 목적은 계몽이나 의료선교를 하기 위해서가 아니라 천국 복음을 전하기 위해서였습니다. 한 영혼이라도 천국 가게 하고 죽는 것이 그들이 살아가는 목적이었습니다. 그러나 당시 조선은 선교사들이 와서 5년 이내 죽을 확률이 50퍼센트였습니다.

그래서 어떤 선교회에서는 선교사를 파송할 때 장례예배를 드리기도 했습니다. 선교사로 가는 것은 죽음을 향해 가는 것이기 때문입니다. 그런데도 그들은 죽음의 길을 선택했습니다. 유진벨 선교사도 한국에 온 지 5년 만에 죽음을 맞이합니다. 어떤 사람이 인세반 회장에서 이렇게 질문했습니다.

"선교사로 파송 받아올 때, 가족들이 너무 슬퍼했을 것 같습니다."

그러자 인세반 회장은 말합니다.

"믿는 사람들이 죽는 게 그렇게 두렵습니까?"

"죽는 것은 천국에 조금 빨리 가는 거예요."

"사람이 사는 목적이 뭡니까?"

"이 세상에 잠깐 살다 천국 가는 것인데, 복음 전하는 이 일을 하고 가야지요."

이들이 주목했던 것은 '어떻게 살아야 하는가'입니다. 죽음은 먼저 가고 늦게 가는 것일 뿐 그들에게 중요하지 않았습니다.

죽기 전에 '어떻게 살다가 주님 앞에 가야 하는가?'

이것이 그들에게는 중요했을 뿐입니다.

그러기에 짧은 인생이지만 주님을 위해 그리고 주님의 복음을 위해 자신의 삶을 드릴 수 있었습니다. 죽음은 인자이신 주님 앞에 서는 시간입니다. 죽음을 통해 우리는 우리가 행한 대로 갚으시는 하나님의 심판 앞에 서게 됩니다. 그러기에 우리는 죽음을 준비해야 합니다. 그리고 죽음을 연습해야 합니다. 주님께서는 수난 예고를 통해 자신에게 다가올 죽음을 연습하고 준비하셨습니다. 그러나 아직 죽음을 준비하지 못하고 연습하지 못한 베드로는 주님의 뜻, 더 나아가 하나님의 뜻을 반대하고 자기의 뜻으로 주님을 끌어당기려고 했습니다.

그러자 주님께서는 단호하게 그를 밀어내십니다. 자기의 죽음을 통해 하나님의 일을 그리고 하나님의 유익을 추구하시길 원하셨습니다. 그리고 주님께서는 제자들에게 죽음을 준비하고 또한 죽음을 연습하기를 원하셨습니다. 이것이 자기 부인과 자기 십자가를 지는 삶입니다. 죽어야만 할 수 있는 것이 자기 부인이며 자신에게 주어진 죽음을 받아들여야만 자기 십자가를 질 수 있는 것입니다.

결국, 우리가 죽음을 연습하여 나가는 방향은 나 자신이 원하는 방향이나 내게 유익이 되는 방향이 아니라 주님께서 원하시는 방향 즉 주님의 방향으로 나가는 것입니다. 그러려면 자신의 생명을 구원하려는 욕망을 내려놓아야 합니다. 주님을 위해 자신을 죽일 수 있어야 합니다. 그럴 때 우리는 죽음을 통해 영원한 생명과 상급을 얻게 됩니다.

벨사살의 준비되지 못한 죽음

다니엘서 5장에 나오는 벨사살왕은 예루살렘 성전에서 탈취한 금, 은 그릇으로 술을 마십니다. 그리고 금과 은과 구리, 쇠, 나무, 돌로 만든 신을 찬양합니다. 그때 손가락 하나가 나타나서 글씨를 쓰게 됩니다. 그러자 벨사살은 다니엘을 불러 그 글씨를 해석하게 합니다.

> … 메네 메네 데겔 우바르신… (단 5:25).

하나님이 왕의 나라의 시대를 세어보고, 저울에 달아보니 부족함이 보여 왕의 나라의 시대를 나누고 끝나게 하신다는 뜻입니다. 그러면 그때라도 벨사살은 자기 죽음을 준비해야 했습니다.

그러나 그는 준비되지 않은 채로 그날 밤에 자기의 죽음을 맞이하게 됩니다. 죽음을 준비하는 것은 기독교 신앙의 기본입니다.

죽음은 인자가 되시는 주님 앞에 서는 시간이고 행한 대로 보응하시는 심판의 때입니다. 그렇기에 죽음이 오기 전에 죽음을 연습하고 잘 준비하여 죽음을 준비하는 크리스천의 삶을 살아가야 합니다.

죽음을 연습하십시오. 그리고 당신의 죽음을 준비하십시오.

Manual Project 매뉴얼 프로젝트

제1부
제1장 죽음을 연습하라
[마태복음 16:21-28]

마음 열기

Q) 당신은 죽음을 어떻게 정의하고 있습니까?

또한, 죽음에 대해 어떤 생각을 가지고 있습니까?

죽음에 대한 당신의 정의와 생각이 현재 당신의 삶에 어떤 영향을 미치고 있습니까?

본문 연구

1) 예수님의 죽음 예고 앞에 베드로가 보인 반응은 무엇입니까?(마16:22)

2) 베드로의 행동을 예수님께서는 어떻게 판단하셨습니까?(마16:23)

3) 예수님께서 죽음을 연습하시고 준비하시기 위한 방법으로 제자들에게 제시하신 것은 무엇입니까?(마16:24)

말씀 거울

Q) 말씀이라는 거울 앞에 드러난 나의 모습을 찾아보십시오.

나는 어떤 사람이었습니까? (~인 나)

왜 그러한 모습으로 살아왔습니까?

나눔과 적용

1) 당신 앞에 다가올 죽음이 슬픔으로 느껴지십니까?

아니면 소망으로 받아들여지십니까?

베드로처럼 죽음을 거부하고 두려워하는 이유가 무엇입니까?

2) 현실의 삶에서 내가 죽어지는 자기 부인과 자기 십자가를 지는 삶을 살기 위해 어떻게 해야 합니까?

또한, 내가 죽어져야 하는 삶의 영역을 구체적으로 말해 보십시오.

그리고 자기 부인을 하기 위한 방법을 찾아보십시오.

3) 만약 우리 앞에 있는 죽음을 준비하고 또한 연습하게 되면 우리의 현재의 삶은 어떻게 변화될까요?

제2장

죽음 DNA를 오프(OFF)하라

[마가복음 14:32-42] ³² 그들이 겟세마네라 하는 곳에 이르매 예수께서 제자들에게 이르시되 내가 기도할 동안에 너희는 여기 앉아 있으라 하시고 ³³ 베드로와 야고보와 요한을 데리고 가실새 심히 놀라시며 슬퍼하사 ³⁴ 말씀하시되 내 마음이 심히 고민하여 죽게 되었으니 너희는 여기 머물러 깨어 있으라 하시고 ³⁵ 조금 나아가사 땅에 엎드리어 될 수 있는 대로 이 때가 자기에게서 지나가기를 구하여 ³⁶ 이르시되 아빠 아버지여 아버지께는 모든 것이 가능하오니 이 잔을 내게서 옮기시옵소서 그러나 나의 원대로 마시옵고 아버지의 원대로 하옵소서 하시고 ³⁷ 돌아오사 제자들이 자는 것을 보시고 베드로에게 말씀하시되 시몬아 자느냐 네가 한 시간도 깨어 있을 수 없더냐 ³⁸ 시험에 들지 않게 깨어 있어 기도하라 마음에는 원이로되 육신이 약하도다 하시고 ³⁹ 다시 나아가 동일한 말씀으로 기도하시고 ⁴⁰ 다시 오사 보신즉 그들이 자니 이는 그들의 눈이 심히 피곤함이라 그들이 예수께 무엇으로 대답할 줄을 알지 못하더라 ⁴¹ 세 번째 오사 그들에게 이르시되 이제는 자고 쉬라 그만 되었다 때가 왔도다 보라 인자가 죄인의 손에 팔리느니라 ⁴² 일어나라 함께 가자 보라 나를 파는 자가 가까이 왔느니라.

2023년에 출판된 책가운데 『유전자 스위치』라는 책이 있습니다. 연세대 장연규 교수가 저술한 책인데 '후성유전의 신비'에 대해 소개합니다. 후성유전이란 우리가 정해진 유전자의 꼭두각시로 살아가지 않고 스스로가 유전 물질에 영향을 미치는 삶을 살 수 있다는 것을 말하는 학문입니다. 심지어 이러한 행동의 결과는 다음 세대로 이어집니다.

우리 몸은 DNA의 스위치를 여닫아서 어떤 것을 사용할 것인지 혹은 사용하지 않을 것인지를 결정하는 조절 시스템을 가지고 있습니다. 이것이 후성유전 조절 시스템입니다. 일란성 쌍둥이는 같은 DNA를 가지고 있지만, 후성유전 조절 시스템이 똑같이 작동하지 않습니다. 이렇게 우리는 스스로 유전자 스위치를 온(on) 혹은 오프(off)를 함으로써 다른 삶으로 나갈 수 있게 됩니다.

애리조나 사막다람쥐의 기적

애리조나 사막에 사는 다람쥐의 천적은 방울뱀입니다. 그러다 보니 다람쥐는 방울뱀을 만나게 되면 일반적으로 두려움과 공포로 몸이 얼어붙어 꼼짝 못 하거나 도망을 치게 됩니다. 그런데 한 다람쥐는 도망도 가지도 않고 도리어 방울뱀을 향해 공격까지 합니다. 또한, 치명적인 독이 있는 방울뱀에게 물렸는데도 죽지 않습니다. 오히려 다람쥐가 방울뱀을 공격하게 되자 겁을 먹은 방울뱀이 도망치고 맙니다. 이 모습을 보았던 과학자들은 이 기이한 현상을 연구하기 시작했습니다. 그리고 이 다람쥐가 새끼를 낳은 지 얼마 안 된 암컷 어미 다람쥐라는 것을 알게 되었습니다.

방울뱀을 보고 두려워하며 도망가게 만드는 유전자가 자기의 새끼를 지키기 위해 비활성화가 되었고, 용감하게 덤벼들 수 있는 유전자가 활성화된 것입니다. 또한, 다람쥐가 방울뱀에게 물리면 뱀의 독이 다람쥐 몸에 들어가 온몸이 즉시 마비되면서 죽게 되는데, 새끼를 낳은 지 얼마 되지 않은 어미 다람쥐의 몸은 항독소 물질을 생산하는 유전자가 활성화되어 방울뱀에게 물려도 죽지 않게 되었습니다.

그러다 다람쥐 새끼가 스스로 도망갈 수 있을 정도로 성숙하게 되면, 그 유전자는 더 이상 몸에서 활성화되지 않습니다. 다람쥐의 몸에서도 이러한 조절 시스템이 작동되고 있었던 것입니다.

우리 몸에도 죽음 DNA가 작동하고 있습니다. 물론, 죽음 DNA는 학술적으로 증명되거나 과학적으로 발견된 것이 아닙니다. 그러나 이러한 죽음 DNA는 우리가 죽음의 위기를 경험하거나 스스로 죽을 것 같다는 생각에 붙들리는 순간 스위치 온(on)이 됩니다. 그러면 죽음 DNA가 만들어 내는 두려움과 공포를 느끼게 되고 또한 죽음에서 벗어나기 위해 발버둥치게 되고 슬픔과 분노의 감정까지 활성화됩니다.

예수님의 죽음 DNA

본문에 나오는 인간의 몸을 입고 오신 예수님께서도 예외가 아니었습니다. 이제 겟세마네 동산을 내려가시게 되면 맞이하게 되는 고난과 죽음을 예수님께서 인식하기 시작하셨습니다. 그러자 꺼져있던 죽음 DNA가 활성화되기 시작했습니다.

> 베드로와 야고보와 요한을 데리고 가실새 심히 놀라시며 슬퍼하사…(막 14:33).

주님께서 심히 놀라십니다. 놀라심의 이유는 자신 앞에 있는 수난과 죽음을 보셨기 때문입니다. 그리고 몹시 슬퍼하십니다. 이 두 단어 모두 강조의 의미가 들어 있습니다.

> 말씀하시되 내 마음이 심히 고민하여 죽게 되었으니 너희는 여기 머물러 깨어 있으라 하시고(막 14:34).

그리고 "마음이 심히 고민되어 죽게 되었다"라고 말씀하십니다. 여기서 "심히 고민하다"라는 단어는 '극도로 괴로움을 당하는' 혹은 '크게 슬퍼하는'이라는 의미를 가집니다. 자기 죽음 앞에 주님께서 느끼시는 고통과 슬픔이 잘 묻어납니다.

> 조금 나아가사 땅에 엎드리어 될 수 있는 대로 이 때가 자기에게서 지나가기를 구하여 이르시되 아빠 아버지여 아버지께는 모든 것이 가능하오니 이 잔을 내게서 옮기시옵소서(막 14:35-36a).

그리고 주님의 마음이 드러나는데 "이때가 자기에게서 지나가기를" 그리고 "이 잔을 내게서 옮겨 주시기를" 구하십니다. 이 기도 속에 도망치고 싶고 피하고 싶은 주님의 솔직한 마음을 읽을 수 있습니다. 죽음 DNA가 활성화되면서 두려움과 공포 그리고 슬픔과 근심이 밀려왔고 결국 피하고 지나가기를 구하는 모습을 드러내게 됩니다. 어떤 의미에서 죽음 DNA가 우리의 삶에 활성화될 때 나타나는 모습을 보여 주는 것입니다.

중력의 법칙과 부력의 법칙

세상의 모든 물체는 예외 없이 아래로 끌어당기는 중력의 지배를 받게 되는 것처럼 마치 죽음 DNA는 세상의 모든 곳에 작동하는 중력의 법칙처럼 인생을 살아가는 모든 자에게 영향을 미칩니다. 그러나 이러한 중력의 법칙과 반대로 작동하는 법칙이 하나 있는데 그것이 바로 '부력의 법칙'입니다. 물이나 공기 안에서 중력의 반대 방향으로 작용하는 힘이 있습니다. 예를 들어, 같은 풍선이지만 입으로 공기를 불어 넣은 풍선은 중력의 법칙을 받아 바닥으로 가라앉습니다.

그러나 헬륨 가스를 넣은 풍선은 위로 올라가게 됩니다. 헬륨 풍선의 밀도가 공기의 밀도보다 작아서 위로 뜨는 것입니다. 밀도의 차이로 인한 부력의 법칙의 영향을 받는 것입니다. 마찬가지로 무거운 추를 바닥으로 떨어뜨리면 끌어당기는 중력의 법칙을 지배받아 추는 땅으로 떨어지게 됩니다. 그런데 만약 이 추를 나무에 묶어 바닷속으로 떨어뜨리게 되면 그 추는 뜨는 힘인 부력의 법칙의 지배를 받아 가라앉지 않게 됩니다.

죽음 DNA의 스위치를 오프(off)하는 방법

세상은 중력의 법칙에 지배를 받듯이 죽음 DNA를 스위치 온(on)한 상태로 살아가게 만듭니다. 그래서 죽음 DNA가 가져다주는 공포와 두려움, 슬픔과 불안으로 하루하루를 살아가게 만듭니다. 그런데 중력의 법칙과 반대 방향으로 작동하는 부력의 법칙처럼 주님께서는 이러한 죽음 DNA의 스위치를 오프(off)하기 위한 방법을 우리에게 제안하십니다. 그것이 바로 '기도 DNA'를 활성화하는 것입니다. 때로는 기도가 우리의 삶에 찾아온 죽음을 이기게 만들기도 합니다.

이사야 38장에 나오는 '히스기야의 기도'가 바로 그런 것입니다. 히스기야가 병들어 죽게 되자 하나님께 기도합니다. 그 결과 15년의 수명연장을 얻게 됩니다. 그러나 결국 그도 죽게 됩니다. 그렇기에 기도로 수명을 연장하는 것보다 중요한 것은 죽음 DNA를 오프(off)하고 담대하게 살아가는 것입니다. 그 시작이 바로 '기도 DNA'를 활성화하는 것입니다.

겟세마네 기도

본문에 나오는 겟세마네라고 하는 곳을 주님께서는 핵심 제자들과 함께 기도하기 위해 올라가십니다. 겟세마네라는 곳은 '기름을 짜는 틀'이라는 의미를 가집니다. 그리고 누가복음 22장을 보면 마치 틀에서 기름을 짜내듯이 주님께서는 혼신의 힘을 다해 기도하십니다. 이 예수님의 모습을 누가는 "땀방울이 핏방울같이 되도록 기도하셨다"라고 표현합니다. 예수님께서는 기도의 집중력과 간절함으로 눈앞에 다가온 죽음의 공포와 두려움을 오프(off)해 버리셨고 담대하게 죽음을 향해 나가셨습니다.

수용(acceptance)과 순종(obedience)

우리는 여기서 주님께서 기도로 얻게 되신 두 가지를 발견하게 됩니다. 하나는 '수용'(acceptance)과 다른 하나는 '순종'(obedience)입니다. 예수님의 초기 기도는 마가복음 14장

35절 "이때가 자기에게서 지나가는 것"이었습니다. 또한, 36절 "이 잔을 내게서 옮겨주시는 것"이었습니다.

그러나 기도 가운데 자신의 원함과 아버지의 원함이 다르다는 것을 보게 됩니다. 그리고 기도로 아버지의 뜻을 수용하게 됩니다. 아버지의 뜻이란 예수님께 주어진 고난의 잔을 받아들이는 것입니다.

기도로 '받아들임' 즉 '수용'을 배우게 됩니다. 그리고 41절 인자가 죄인의 손에 팔리는 때가 왔을 때 피하거나 도망치지 않고 담대하게 나가십니다. 기도로 '순종'의 삶을 선택하신 것입니다.

죽음의 공포를 이기게 만든 '기도'

선한목자교회를 담임했던 유기성 목사의 『예수님의 사람』이라는 책을 보면 한 간증을 소개합니다. 유 목사님과 사모님에게는 늘 죽음에 대한 두려움이 있었습니다. 목회하시던 아버지가 간암으로 세상을 떠나셨고 아버지의 장례를 치르던 사모님은 아버지의 죽음보다 더 자신을 괴롭힌 현실적인 문제 앞에 서게 됩니다. 그때 사모님의 나이는 고3이었고 막냇동생은 초등학교 1학년이었습니다.

아버지가 돌아가시니까 사택도 비워야 했고 어디 가서 살아야 할지 막막했고 또한 마땅히 먹고 살 방법도 없는 처지가 되었습니다. 죽음이 가져다준 두려움과 염려에 붙들려 힘든 삶을 살아야만 했습니다. 그러한 죽음에 대한 공포와 두려움이 살아가는 동안 계속해서 사모님의 삶을 붙들게 됩니다. 그러다 보니 유 목사님도 사모님과 결혼하고 나서 죽음에 대한 두려움에 붙잡히게 됩니다. 혹시라도 자신이 먼저 죽게 되면 자신으로 인해 아내가 또다시 죽음의 공포 앞에 설까 하는 두려움이었습니다.

그래서 열심히 일하다 보면 혹시 과로하다가 죽을까 하는 두려움이 생기게 되었고 반대로, 열심히 안 하면 하나님께 벌을 받아서 죽을까 하는 두려움이 생겼습니다.

그러던 어느 날 한 교회에서 부흥회를 인도하고 있었는데 사모님에게 전화가 왔습니다. 병원에서 암을 진단받은 사모님이 죽음에 대한 공포와 두려움 때문에 다리가 풀리고 집에 돌아갈 힘이 없어서 목사님께 전화한 것입니다. 그러나 목사님은 저녁 집회를 앞두고 있었기에 병원으로 달려갈 수 없었습니다. 아내에게 미안하다는 말만 하고 전화를 끊게 됩니다.

사실 사모님은 '암'이라는 진단을 듣고 난 뒤에 세상이 무너지는 것 같았다고 고백합니다. 죽음이 자신의 앞에 있다는 절망감이 밀려오는 그때 사모님은 하나님께 기도할 수밖에 없었습니다.

그리고 자신이 남아 있는 동안 '무엇을 해야 하는가'를 기도하기 시작했습니다. 그때 하나님께서 주신 마음이 '내게 주신 영혼들을 사랑하고 그들을 구원하라'는 것이었습니다. 사모님은 집에 오는 길에 지하철역 주변에서 좌판을 벌이고 장사를 하는 성도를 기억하게 되었습니다.

마지막 심방이라고 생각하고 그분을 방문하여 차 한 잔을 사드리고 기도해 드렸습니다. 그리고 택시를 타고 집으로 가는 길에 택시 기사에게 전도해야겠다는 마음이 들었습니다. 그래서 교회 이야기를 시작하자 기사분이 싫어하셨습니다.

사모님이 이렇게 말합니다.

"제가 지금 병원에서 암 선고를 받고 오는 길입니다. 제가 얼마나 더 살지 모릅니다. 그러나 저는 예수님을 믿어 반드시 천국에 갑니다. 기사님도 꼭 예수님 믿으시고 천국 가세요."

그러자 기사님의 태도가 바뀌었습니다. 그리고 자신의 말을 귀담아듣기 시작했습니다. 사모님은 자신에게 다가오고 있는 죽음으로 인해 두려움과 고통이 분명히 밀려 왔지만 기도 가운데 하나님의 뜻을 수용하게 됩니다. 그러자 담대하게 복음을 전할 수 있게 되었습니다.

그리고 수술을 앞둔 어느 날 사모님은 이렇게 기도했습니다.

"하나님 더 이상 살려 달라고 기도하지 않겠습니다. 주님! 죽어도 좋습니다. 주님의 뜻대로 해주십시오."

기도로 하나님께 순종할 것을 선포하고 나자, 살려 달라고 할 때는 누릴 수 없었던 평안함이 밀려 왔다고 합니다.

예수님께서 죽음의 두려움과 공포를 기도로 이겨 내신 것처럼 우리도 기도로 하나님의 뜻을 수용하고 순종해야 합니다. 그리고 죽음 DNA가 만들어 가는 두려움과 공포, 불안과 염려의 스위치를 오프(off) 해야 합니다.

죽음과 하나님의 주권

우리의 죽음은 하나님의 주권 안에 있습니다. 죽음의 때와 방법은 하나님의 손안에 있습니다. 그렇다면 우리가 죽음의 권세 아래서 두려워하며 불안해하며 살아갈 이유가 없습니다. 히브리서 2장은 말합니다. "죽기를 무서워하므로 한평생 죽음에 매여 종 노릇하는 모든 자를 놓아주시기 위해"(15절) 주님께서 "죽음의 세력을 잡은 자 곧 마귀"(14절)를 멸하셨습니다.

그러므로 우리가 죽음의 권세를 이기신 주님께 기도해야 하는 이유는 주님만이 죽음의 세력을 가진 마귀를 멸하실 수 있기 때문입니다. 우리는 기도로 주님께 나가고 하나님의 주권 앞에 수용과 순종으로 살아가야 합니다.

기도 DNA를 온(ON)하라

그런데 본문은 죽음의 권세 아래 살아가면서 기도해야 할 때 기도하지 못하고 살아가는 제자들의 모습을 통해 우리에게 경고합니다.

마음의 원함과 육신의 원함 사이

기도로 하나님 앞에 나가지 못하는 제자들의 모습은 마가복음 14장 38절 주님께서 말씀하신 것처럼 "마음의 원함과 육신의 약함" 사이를 살아갑니다.

> 시험에 들지 않게 깨어 있어 기도하라 마음에는 원이로되 육신이 약하도다 하시고(막 14:38).

이들은 다가올 죽음에 대해 전혀 생각조차 하지 못합니다. 그래서 영적인 깊은 잠을 자고 있습니다. 아무리 주님께서 그들을 깨우셔도 그들은 여전히 정신을 차리지 못하고 자신의 원함을 따라 깊은 잠에 빠져 있습니다. 그래서 이들은 자신들 앞에 다가오는 죽음을 준비하지 못했고 또한 죽음의 권세를 이겨 낼 영적인 준비도 되지 않았습니다.

분노의 칼

46절 예수님을 잡으러 온 자들이 예수님을 잡게 되자 "곁에 서 있는 자 가운데 한 사람"이 칼을 빼어 들어 대제사장 종의 귀를 쳐서 떨어뜨리게 됩니다.

마가는 "곁에 서 있는 자"라고 표현하지만, 마태는 "예수와 함께 있던 자 중의 하나"(마 26:51)라고 표현했고, 누가는 "주위 사람 중 하나"(눅 22:49-50)라고 소개했고, 그리고 요한은 "시몬 베드로"(요 18:10)라고 정확하게 이름을 밝히고 있습니다. 그렇게 한 이유는 마가복음의 기록 연대가 주후 55-65년 사이인데 당시 베드로가 생존해 있었고 이 사실이 드러났을 때 베드로의 신변에 위험이 닥치게 될 것을 염려하여 익명으로 처리한 것 같습니다.

그러나 요한복음은 주후 85-90년경에 기록되었고 베드로가 순교한 이후에 기록되었기에 실명으로 거론하는 것이 문제가 없었습니다. 다시 말해, 기도로 '수용과 순종'을 배우지 못한 베드로는 죽음의 두려움과 공포 앞에 '분노의 칼'을 휘두르고 있습니다. 죽음에 대한 두려움이 자신도 모르게 칼을 빼어 들게 만든 것입니다. 기도로 수용과 순종을 배우지 못한 인생에 나타나는 현상이 바로 죽음 앞에 분노하며 칼로 주변 사람들을 위협하고 고통을 가하게 됩니다.

죽음의 공포

50절에 나오는 다른 제자들은 다 예수님을 버리고 도망하였고 51절에 한 청년이 벗은 몸으로 홑이불을 두르고 예수님을 따라가다가 잡히자 베 홑이불을 버리고 벗은 몸으로 도망합니다. 어떤 학자들은 이 한 청년이 마가복음을 기록하고 있는 '마가 자신'이라고 보기도 합니다. 어떻게 보면 마가는 기도로 준비하지 못하다 갑작스럽게 맞이한 주님의 고난과 죽음의 사건 앞에 벗은 몸으로 도망치는 부끄러운 모습을 드러내게 됩니다.

기도 DNA를 활성화하는 것은 우리가 살아가는 영적 삶에 아주 중요한 부분입니다. 기도하지 못하면 마음의 원함을 따라 살지 못하고 육신의 원함을 따라 살아가면서 영적인 깊은 잠에 빠지게 됩니다. 기도하지 못하면 죽음의 공포와 두려움으로 인해 분노하여 자신의 칼로 주변 사람들을 상하게 만듭니다. 기도하지 못하면 죽음을 두려워하여 도망치거나 부끄러운 행동을 하게 됩니다.

기도로 죽음 DNA를 스위치 오프(off)하라

그러므로 죽음 DNA는 우리의 생각보다 강력합니다. 우리의 삶의 전역에서 지금도 중력의 법칙처럼 우리의 삶을 통제하고 다스리고 그 발 아래 거하게 만듭니다. 병원에서 암 선고와 같은 사형선고를 받지 않더라도 우리가 맞이하는 수많은 절망적 상황에서 죽음 DNA는 우리의 삶을 두려움과 불안과 염려와 고통 가운데 던져 버립니다. 그리고 죽을 때까지 이 공포와 두려움의 지배를 받도록 만들어 버립니다.

그래서 우리는 죽음 DNA를 스위치 오프(off)하신 주님을 통해 이 죽음 DNA를 극복하는 방법을 배워야 합니다. 기도로 죽음 DNA 스위치를 오프(off)해야 합니다.

기도로 잠시 꺼두었던 하나님의 뜻을 우리의 삶에 활성화(on)시켜야 합니다. 그러면 나의 원함에 묶여 있던 우리의 삶이 하나님의 원함에 대한 수용과 순종을 배우게 되고 도망치고 두려워서 분노의 칼을 빼어 들던 우리의 삶이 담대하게 죽음을 향해 나갈 수 있게 됩니다.

기도의 911

밥 소르기 목사가 쓴 『내 영혼이 마르지 않는 연습』이라는 책을 보면 위기에 봉착한 한 부부의 이야기가 나옵니다. 이 부부는 삶이 너무 힘들고 마음이 어려워서 방에 들어가서 하나님께 도움을 구하는 기도를 하고 있습니다.

그런데 어디에서 이런 소리가 들리는 것입니다.

"도움이 필요하면 911로 전화하세요."

"도움이 필요하면 911로 전화하세요."

반복되는 소리에 거실에 나가 보니 아이가 가지고 놀던 장난감 소방차에서 나오는 소리였습니다. 곧 실망하여 방에 들어온 부부는 911이란 숫자를 다시 한번 떠오르게 됩니다.

"가만히 있던 이 장난감이 왜 하필이면 우리가 기도하는 가운데 하나님께서 울리게 하셨을까?"

911이란 숫자를 다시 떠올리며 성경을 찾기 시작했습니다. 그리고 시편 91편 1절의 말씀을 만나게 됩니다.

> 지존자의 은밀한 곳에 거주하며 전능자의 그늘 아래에 사는 자여, 나는 여호와를 향하여 말하기를 그는 나의 피난처요 나의 요새요 내가 의뢰하는 하나님이라 하리니(시 91:1).

어려울 때, 환난과 아픔이 있을 때, 찾아가야 할 911이 바로 시편 91편 1절, '전능하신 여호와 앞에 나가는 것'입니다. 그럴 때 죽음의 권세를 깨뜨리고 승리하신 주님으로 인해 우리도 담대하게 우리 앞에 다가오는 죽음 앞에 설 수 있습니다. 죽음 DNA를 스위치 오프(off)하고, 대신 기도 DNA의 스위치를 온(on)하여 담대하게 죽음 앞으로 나가는 복된 삶이 되십시오.

Manual Project 매뉴얼 프로젝트

제1부
제2장 죽음 DNA를 오프(OFF)하라
[마태복음 16:21-28]

마음 열기

Q) 당신은 어떤 일을 만날 때 죽음의 공포가 밀려옵니까?
또한, 그 증상은 어떠합니까?

본문 연구

1) 죽음 DNA가 예수님께 찾아왔을 때 주님께서 보이신 반응은 무엇입니까?(막 14:33)

2) 죽음 DNA가 밀려왔을 때 주님께서 제자들에게 요청하신 행동은 무엇입니까?(막 14:34)

3) 기도로 죽음 DNA를 오프(off)하신 이후 주님께서 보이신 담대함의 행동은 무엇입니까?(막 14:42)

말씀 거울

Q) 말씀이라는 거울 앞에 드러난 나의 모습을 찾아보십시오.

나는 어떤 사람이었습니까? (~ 인 나)

왜 그러한 모습으로 살아왔습니까?

나눔과 적용

1) 죽음에 대한 공포와 두려움이 밀려올 때 당신의 모습을 그려보십시오.

어떤 말을 하고 어떤 행동을 하고 있습니까?

죽음의 공포와 두려움을 이기기 위해 당신은 어떤 행동을 하고 있습니까?

2) 죽음의 공포 앞에 기도하지 못하는 우리의 삶에 나타나는 증상은 무엇일까요?(예: 갈등, 분노, 도망, 절망 등)

3) 예수님처럼 기도로 죽음의 공포와 두려움을 이겨 내기 위해 우리의 기도에 추가해야 할 것이 있을까요?(예: 간절함? 수용? 순종? 맡김? 등)

제3장

죽음은 유턴이다

[요한복음 17:11-24] 11 나는 세상에 더 있지 아니하오나 그들은 세상에 있사옵고 나는 아버지께로 가옵나니 거룩하신 아버지여 내게 주신 아버지의 이름으로 그들을 보전하사 우리와 같이 그들도 하나가 되게 하옵소서 12 내가 그들과 함께 있을 때에 내게 주신 아버지의 이름으로 그들을 보전하고 지키었나이다 그 중의 하나도 멸망하지 않고 다만 멸망의 자식뿐이오니 이는 성경을 응하게 함이니이다 13 지금 내가 아버지께로 가오니 내가 세상에서 이 말을 하옵는 것은 그들로 내 기쁨을 그들 안에 충만히 가지게 하려 함이니이다 14 내가 아버지의 말씀을 그들에게 주었사오매 세상이 그들을 미워하였사오니 이는 내가 세상에 속하지 아니함 같이 그들도 세상에 속하지 아니함으로 인함이니이다 15 내가 비옵는 것은 그들을 세상에서 데려가시기를 위함이 아니요 다만 악에 빠지지 않게 보전하시기를 위함이니이다 16 내가 세상에 속하지 아니함 같이 그들도 세상에 속하지 아니하였사옵나이다 17 그들을 진리로 거룩하게 하옵소서 아버지의 말씀은 진리니이다 18 아버지께서 나를 세상에 보내신 것 같이 나도 그들을 세상에 보내었고 19 또 그들을 위하여 내가 나를 거룩하게 하오니 이는 그들도 진리로 거룩함을 얻게 하려 함이니이다 20 내가 비

옵는 것은 이 사람들만 위함이 아니요 또 그들의 말로 말미암아 나를 믿는 사람들도 위함이니 ²¹ 아버지여, 아버지께서 내 안에, 내가 아버지 안에 있는 것 같이 그들도 다 하나가 되어 우리 안에 있게 하사 세상으로 아버지께서 나를 보내신 것을 믿게 하옵소서 ²² 내게 주신 영광을 내가 그들에게 주었사오니 이는 우리가 하나가 된 것 같이 그들도 하나가 되게 하려 함이니이다 ²³ 곧 내가 그들 안에 있고 아버지께서 내 안에 계시어 그들로 온전함을 이루어 하나가 되게 하려 함은 아버지께서 나를 보내신 것과 또 나를 사랑하심 같이 그들도 사랑하신 것을 세상으로 알게 하려 함이로소이다 ²⁴ 아버지여 내게 주신 자도 나 있는 곳에 나와 함께 있어 아버지께서 창세 전부터 나를 사랑하시므로 내게 주신 나의 영광을 그들로 보게 하시기를 원하옵나이다

로빈 S. 샤르마는 『내가 죽을 때 누가 울어 줄까』라는 책에서 이런 말을 합니다.

> 네가 태어났을 때, 너는 울음을 터뜨렸지만 너를 지켜보는 모든 사람은 기뻐하였다. 그렇다면 네가 죽을 때에 많은 사람이 너를 위해 울겠지만, 그때 너 자신은 기뻐할 수 있도록 살아야 한다.

죽음을 맞이할 때 기뻐할 수 있는 삶이란 어떤 삶일까요? 존 낙스의 말처럼 "우리는 언제 어디서 죽을지 결정할 수는 없지만 어떻게 살 것인가는 결정할 수 있습니다." 그러

므로 죽음의 때가 오기 전에 어떻게 살아야 할 것인가를 고민해야 합니다.

1950년대에 선교의 영웅이라 불리던 선교사 짐 엘리엇(Jim Eliot)이 순교 당한 후 남겨진 그의 일기장에 이런 문장이 기록되어 있었습니다.

> 나의 사명은 이 세상에 하나님의 발자국을 남기는 것이다. 주님, 오래 살기를 구하지 않습니다. 다만 주님을 위해서 내 삶이 불타기를 원합니다.

그는 무엇을 위해 살아야 하는지 또한 어떻게 사는 것이 하나님을 기쁘시게 하는 삶인가를 아는 사람이었습니다.

오프라 윈프리의 사명

'토크 쇼 여왕'으로 불리는 오프라 윈프리는 이렇게 말합니다.

> **첫째**, 남보다 더 가진 것이 있다면 그것은 축복이 아니라 사명이다.
> **둘째**, 남들보다 아파하는 어떤 것이 있다면 그것은 고통이 아니라 사명이다.
> **셋째**, 남보다 설레는 꿈이 있다면 그것은 망상이 아니라

사명이다.

넷째, 남보다 부담되는 어떤 것이 있다면 그것은 사명이다.

우리의 사명은 무엇일까요?

죽음이 오기 전에 내가 감당해야 할 사명은 무엇일까요?

예수님의 '고별 기도'

오늘 우리가 읽는 요한복음 17장은 예수님의 '고별 기도'라고 불리는 장입니다. 이 고별 기도는 예수님 자신을 위한 기도(1-8절), 제자들을 위한 기도(9-19절), 그리고 모든 믿는 자들을 위한 기도(20-26절)로 구성됩니다. 고별 기도라는 말에서도 드러나듯이 주님께서는 세상에 더 있지 아니하시고(11절) 아버지께로 돌아가야 하는 시간이 다가왔음을 아셨습니다(13절).

주님께서는 죽음을 "세상에 더 있지 아니하고 아버지께로 돌아가는 것"으로 정의하십니다. 그래서 하나님께서 부르실 때 아버지께로 돌아가는 유턴(U-turn)이 바로 주님께서 정의하시는 죽음의 의미입니다.

회개하고 죽든지 or 회개하여 쓰임 받든지

그런데 이러한 유턴의 경험은 죽음이 아니더라도 회개를 통해 경험할 수 있습니다. 본래 회개라는 단어는 '방향을 돌이킴 즉 돌아감'을 의미합니다. 가던 길에서 반대 방향 즉 180도로 방향을 유턴하는 것입니다. 그렇기에 회개는 반드시 죽음과 같은 자아의 죽음이 일어나야 합니다.

그런 의미에서 돌아감을 의미하는 회개는 두 가지 측면에서 살펴보아야 합니다. 하나는 회개하고 죽든지 아니면 회개하여 쓰임 받든지 이 두 가지 삶의 선택이 우리 앞에 있습니다.

그런데 회개하고 죽는 것이 생각만큼 쉽지 않습니다. 주님과 함께 십자가에 달린 한 강도는 자기 마음대로 살다가 심지어 십자가 위에서 다른 강도와 함께 주님을 욕하다가 마지막 순간에 주님을 만나는 극적인 회심을 경험했습니다. 그런데 이러한 삶의 극적 회심의 기회가 모든 사람에게 주어지지 않습니다.

분명한 것은 회개하고 천국 가는 것이 은혜이지만 하나님께서 우리를 그러한 목적만으로 이 땅에 보내신 것은 아닐 것입니다.

그런데 또 다른 삶이 있습니다. 하나님께 회개하여 쓰임 받는 삶입니다. 회개한 후 하나님께 쓰임 받아 천국 가는 그날까지 주님의 손에 쓰임 받는 삶을 살아가는 것입니다.

마치 요나와 같이 그리고 사도 바울과 같은 삶입니다. 이들 모두 회심을 통해 삶의 방향을 돌이킵니다. 그리고 돌이켜서 하나님께로 돌아갈 때까지 하나님께 쓰임 받는 삶을 살아갑니다. 이것이 하나님께서 우리에게 원하시는 삶입니다.

보내신 사명과 역할

예수님께서도 그런 삶을 사셨습니다. 세상에 더 있지 아니하고 아버지께로 돌아가셔야 하는 주님께서는 분명히 말씀하십니다.

> 아버지께서 나를 세상에 보내신 것 같이 나도 그들을 세상에 보내었고(요 17:18).

여기서 사용된 '보내었다'는 헬라어 단어(ἀποστέλλω, *apostellō*)는 파송자와 파송을 받은 자의 밀접한 관계를 드러내는 단어이고 또한 파송된 자에게 부과된 임무가 강조될 때 사용되는 단어입니다. 따라서 이 단어에는 위임과 권한 부여라는 의미가 포함되어 있습니다. 다시 말해, 예수님을 이 땅에 보내신 하나님께서는 그에게 특별한 사명을 위임하여 보내셨습니다. 예수님께서는 아버지께로 돌아가기 전에 자신에게 주어진 사명과 역할을 감당하셔야 했습니다.

실제로 예수님께서 이렇게 말씀하십니다.

> 아버지께서 내게 하라고 주신 일을 내가 이루어 아버지를 이 세상에서 영화롭게 하였사오니(요 17:4).

그리고 예수님께서 십자가 위에서 남기신 마지막 말씀 한마디 "다 이루었다"는 선포는 자신에게 위임하신 역할과 사명을 완성하셨다는 선언입니다.

이것이 중요한 이유는 주님의 제자로 부름받은 우리도 주님께서 걸어가신 그 길을 동일하게 걸어가야 하는 자들이기 때문입니다. 주님께서 제자들에게 말씀하십니다.

> … 나도 그들을 세상에 보내었고(요 17:18).

이 말속에는 우리를 향하신 주님의 위임명령이 있고 우리가 감당해야 할 사역이 있습니다.

> 아버지여 내게 주신 자도 나 있는 곳에 나와 함께 있어 아버지께서 창세 전부터 나를 사랑하시므로 내게 주신 나의 영광을 그들로 보게 하시기를 원하옵나이다(요 17:24).

여기서 말하는 "내게 주신 자"란 주님의 제자들을 의미하고 예수님께서는 내게 주신 나의 영광을 보여 주기를 원하신다고 말씀하십니다. 여기서 말하는 "내게 주신 영광"이란 하늘의 영광으로 가득한 하나님의 나라를 의미합니다.

이 말은 우리 안에 세워지는 하나님의 나라를 통해 영광을 얻게 되는 삶을 보여 주시는 것과 우리 모두가 돌아가게 되는 영원한 하나님 나라의 영광을 보게 하신다는 말입니다. 그러므로 내게 주신 역할과 사명을 기억하고 영원한 하나님 나라를 바라보는 삶을 살아가야 합니다.

하늘로 유턴하기 전 해야 할 일들

그렇다면 하나님께로 돌아가는 유턴이 일어나기 전에 우리가 해야 할 일은 무엇일까요?

본문은 하나님께로 돌아가는 유턴을 준비하셨던 예수님께서 하셨던 일들을 보여 주십니다. 우리도 예수님처럼 하나님께로 돌아가기 전에 감당해야 할 사역을 기억해야 합니다.

보전 사역

> 내가 그들과 함께 있을 때에 내게 주신 아버지의 이름으로 그들을 보전하고 지키었나이다 그 중의 하나도 멸망하지 않고 다만 멸망의 자식뿐이오니 이는 성경을 응하게 함이니이다(요 17:12).

예수님께서 제자들과 함께 계실 때에 아버지의 이름으로 그들을 보전하고 지켜내셨습니다. 하나도 멸망하지 않도록 지켜내셨다는 말입니다. 그러나 멸망의 자식 즉 가룟 유다를 지켜내지 못하신 것은 성경의 말씀을 이루기 위함이었다고 말씀합니다. 다시 말해, 주님의 중요한 사역 가운데 하나가 바로 보전 사역 즉 제자들을 지키시고 보호하시는 것임을 보게 됩니다.

그리고 아버지께로 가시는 주님께서 기도하시는 것은 주님께서 계시지 않는 시간을 살아가는 제자들 혹은 남은 성도들을 보전해 주시기를 구하는 것입니다.

그런데 왜 그들을 보전하는 사역이 중요할까요?

그것은 악의 유혹이 그들 앞에 기다리고 있기 때문입니다.

> 내가 비옵는 것은 그들을 세상에서 데려가시기를 위함이 아니요 다만 악에 빠지지 않게 보전하시기를 위함이니이다(요 17:15).

"다만 악에 빠지지 않게 보전하시기를 위함이니이다"라는 내용은 우리가 암송하는 주기도문에 나와 있는 한 대목이기도 합니다. 그런데 이 "악"이라는 단어는 중성 명사로 사용할 수도 있고 또한 남성 명사로도 사용할 수 있습니다. 그러다 보니 중성 명사로 사용될 때는 '악한 행위'를 가리키게 되고, 그리고 남성 명사로 사용하게 되면 '악한 자' 혹은 '사탄'을 의미하게 됩니다.

그래서 KJV와 같은 영어 성경은 중성 명사로 해석해서 '악'이라고 번역했고, NIV를 비롯한 RSV, NASB와 같은 성경은 남성 명사로 보아 '악한 자'로 번역했습니다. 어거스틴은 중성 명사로 해석해서 이 악을 '악한 행위'로, 루터는 남성 명사로 해석해서 '악한 자'로 이해했습니다. 칼빈은 양쪽 모두 말하는 것으로 생각했습니다. 다시 말해, 어느 편으로 이해해도 크게 문제가 없지만, 일반적으로는 두 가지 다 해당한다고 보는 것이 맞습니다.

독일의 신학자 틸리케(Helmut Thielicke)는 말합니다.

> 시험 뒤에는 시험하는 자가 서 있고, 거짓 뒤에는 거짓을 말하는 자가 서 있습니다. 그리고 죽음과 피 흘림의 배후에는 처음부터 살인한 자가 서 있습니다.

틸리케는 제2차 세계 대전을 겪으면서 히틀러의 만행 뒤에는 악한 인간뿐만 아니라 악한 존재인 사탄이 있다는 것을 보았던 것입니다.

그러므로 보전 사역의 핵심은 예수님께서 십자가 위에서 죽으심으로 악(惡)으로부터 우리를 보전해 주시는 것입니다. 몰트만(Jürgen Moltmann)과 같은 신학자는 '십자가는 악의 문제를 해결하기 위한 자리이고 그 문제를 해결하기 위해 하나님이신 주님께서 십자가에 직접 달리신 것'이라고 말합니다.

그러므로 이제 우리도 스스로 악으로부터 우리의 삶을 보전하고 지켜나가기 위해 십자가로 나가야 하고 또한 내 주변 사람들을 악으로부터 보전하는 일을 위해 기도하고 준비해야 합니다.

다만 악에서 구하소서

이정재 배우와 황정민 배우가 나오는 〈다만 악에서 구하소서〉라는 영화가 있습니다. 이 영화는 정말 악랄한 악인에게서 자신의 딸을 지켜내려는 한 남자의 이야기입니다. 그런데 이 두 주인공은 모두 킬러입니다. 킬러가 다른 킬러의 딸을 죽이려고 하는 설정입니다. 그러다 보니 한쪽 킬러는 직업적으로 죽여야 하고 다른 킬러는 자기의 딸을 지키기 위해 상대방을 죽여야 합니다. 아무튼, 영화에서는 자신도 악인이면서 다른 나쁜 악인에게서 자신이 구원받기 원하는 간절함이 드러납니다.

결국, 이 영화에서 말하는 "다만 악에서 구하소서"라는 의미는 두 가지입니다. 하나는 나쁜 인간이나 나쁜 상황에서 구원받는 것이고, 다른 하나는 나 자신이 그런 악이 되지 않는 것입니다. 사람들이 가지는 착각은 악인은 항상 타인이지 나 자신이 아니라는 것입니다. 그러나 실제로는 내가 악이 되어 살아갈 수도 있다는 것을 기억해야 합니다.

다시 말해, 내가 악에서 구원되는 것도 중요하지만 그보다 더 중요한 것은 내가 악이 되지 않는 것입니다. 그러므로 우리의 삶도 죽음이라는 유턴에 이르기 전에 우리의 삶이 악에 빠지지 않고 보전되기 위해 기도해야 합니다.

말씀 사역

> 아버지께서 나를 세상에 보내신 것 같이 나도 그들을 세상에 보내었고(요 17:18).

주님께서 제자들을 세상으로 보내십니다. 그들이 주님처럼 감당해야 할 사역이 있기 때문입니다. 그러나 기억해야 하는 것은 16절 말씀처럼 "세상에 속하지 않는 삶"을 사는 것입니다. 세상으로 보내졌지만, 세상에 속하지 않는 거룩함을 유지해야 합니다.

14절과 16절에 4번이나 반복되고 있는 "속하다"라는 단어는 해석이 필요한 단어입니다. 물론, 한두 번 호기심이나 어쩔 수 없는 발걸음을 "속하다"라고 말하지는 않습니다. 지속적이고 일관된 행동을 의미하는 것입니다. 원어를 보면 '에크'(ἐκ)라는 전치사를 사용하는데 '무엇 무엇으로부터, 무엇무엇 때문에'라는 의미를 가집니다. 이 단어에는 공간적 의미가 있는데 세상이라는 공간에 속하여서 삶의 시작이 세상으로부터 시작되고 또한 세상의 어떤 것 때문에 무엇인가를 하고 또한 세상의 어떤 곳으로 나가기 위해 하는 세상에 속한 행동과 말을 의미합니다.

세상에 속하지 않는 방법

그렇다면 주님께서 제자들을 보내시면서 세상에 속하지 않게 하려고 주신 방법이 무엇일까요?

> 내가 아버지의 말씀을 그들에게 주었사오매 세상이 그들을 미워하였사오니 이는 내가 세상에 속하지 아니함 같이 그들도 세상에 속하지 아니함으로 인함이니이다(요 17:14).

바로 아버지의 말씀을 주신 것입니다. 아버지의 말씀 때문에 우리가 세상의 미움을 받게 되지만 반대로 아버지의 말씀 때문에 세상에 속하지 않을 수 있습니다. 17절에 "아버지의 말씀은 진리인데 우리가 진리로 거룩하게 된다"라고 말씀하십니다. 진리의 말씀은 우리가 어디에 속해 있는지, 어디에서 왔는지 그리고 어디로 가야 하는지를 알려 주는 표지판과 같습니다.

그러므로 진리의 말씀은 우리의 소속을 '세상'에서 '하나님'께로 바꾸고, 우리가 세상으로 보내졌지만, 세상에 속하지 않는 거룩함으로 살아가게 만듭니다. 세상은 말씀을 가지고 거룩하게 살아가는 믿는 자들을 향해 14절 말씀처럼 적대적으로 대하고 미워합니다. 자신들과 살아가는 방식이 다르기 때문입니다. 또한, 세상에 속하지 않고 살아가기 때문입니다.

그런데 어떤 이들은 세상에 속한 것처럼 살아가는 자들이 있습니다. 하나님의 말씀을 잊어버렸거나 말씀을 무시하고 살아가기 때문입니다. 닭 울기 전에 세 번 나를 부인하리라고 주님께서 베드로에게 말씀을 주셨지만 급하고 위험한 상황에 내몰린 베드로는 그 말씀을 기억하지 못합니다. 그는 세상에 속한 말과 행동을 반복하다가 결국 예수님을 부인하고 저주까지 하게 됩니다. 그러다 닭 우는 소리를 듣고 주님의 말씀이 기억나게 되고 심히 통곡하게 됩니다.

하나님 나라의 아름다운 왕따

세계경제포럼(WEF) 선정 차세대 지도자 100인 중 한 사람인 성주그룹 김성주 대표가 쓴 『나는 한국의 아름다운 왕따가 되고 싶다』라는 책을 보면 한 사람의 사업가가 하나님의 말씀대로 사업을 하는 것이 얼마나 어려운 것인가를 잘 보여줍니다. 사업의 선배들은 우리나라에서 사업을 하려면 세 가지를 잘해야 한다고 말합니다.

첫째, 술을 잘 마셔야 한다.
둘째, 봉투를 잘 바쳐야 한다.

셋째, 요령과 상황에 따라 거짓말을 잘해야 한다.

세상에 속하지 않고 세상이라는 시스템과 싸우는 것이 너무 힘듭니다. 그래서 김 대표는 매일 하루를 하나님의 말씀으로 시작하는 습관을 지녔습니다.

> 청년이 무엇으로 그의 행실을 깨끗하게 하리이까 주의 말씀만 지킬 따름이니이다(시 119:9).

> 내가 주께 범죄하지 아니하려 하여 주의 말씀을 내 마음에 두었나이다(시 119:11).

이 말씀 안에서 답을 찾고 세상에 속하지 않은 하나님 나라의 아름다운 왕따로 살아가게 되었다고 고백합니다. 우리도 세상에 속하지 않고 거룩하게 구별된 삶을 살아가기 위해 하나님의 말씀을 붙들어야 합니다. 하나님의 말씀이 우리의 삶의 기준이 되어야 합니다. 말씀이 우리의 삶의 방향키가 되어야 합니다. 또한, 말씀이 인도하는 대로 순종하며 나가야 합니다.

그러면 나도 모르는 사이 우리의 삶은 거룩하게 다듬어지고 우리가 살아가는 세상을 거룩한 하나님의 나라로 만들어갈 수 있습니다. 그러므로 우리가 하나님 앞으로 돌아가기 전에 하나님의 말씀으로 거룩한 하나님의 나라를 만들어 가야 합니다. 먼저 내 안에 그리고 우리가 살아가는 공간을 거룩하게 구별해 나가는 삶을 살아야 합니다.

연합 사역

이 땅에 오신 주님께서는 늘 하나님과의 연합사역을 통해 맡겨주신 사역을 감당하셨습니다. 21절 말씀처럼 "아버지께서 내 안에, 내가 아버지 안에 있는 삶"을 사셨습니다. 그리고 떠나시기 전에 주님께서는 세 가지 연합을 하나님께 간구하십니다.

첫째, 앞으로 교회의 지도자가 되는 제자들 안에 연합과 하나 됨의 은혜가 임하기 위해 간구하고 계십니다.

> 나는 세상에 더 있지 아니하오나 그들은 세상에 있사옵고 나는 아버지께로 가옵나니 거룩하신 아버지여 내게 주신 아버지의 이름으로 그들을 보전하사 우리와 같이 그들도 하나가 되게 하옵소서(요 17:11).

둘째, 제자들로 인해 주님을 믿게 된 사람들이 아버지가 주님 안에 그리고 주님께서는 아버지 안에 있는 것처럼 그들도 예수님을 통해 하나님과의 연합이 일어나기를 구하고 있습니다. 주님과의 연합은 그들이 예수님을 믿고 하나 되는 것을 의미합니다.

> 내가 비옵는 것은 이 사람들만 위함이 아니요 또 그들의 말로 말미암아 나를 믿는 사람들도 위함이니 아버지여, 아버지께서 내 안에, 내가 아버지 안에 있는 것 같이 그들도 다 하나가 되어 우리 안에 있게 하사 세상으로 아버지께서 나를 보내신 것을 믿게 하옵소서(요 17:20-21).

셋째, 믿는 자들 간의 하나 됨에 대한 부분입니다. 즉, 먼저 믿은 자들과 나중에 믿은 자들의 하나 됨이 필요합니다.

> 내게 주신 영광을 내가 그들에게 주었사오니 이는 우리가 하나가 된 것 같이 그들도 하나가 되게 하려 함이니이다(요 17:22).

주님께서는 우리가 주님과의 연합, 그리고 믿는 자들 안에서의 연합과 그리고 이제 믿게 된 자들과의 연합을 이루어 가기를 원하십니다. 즉, 믿지 않는 자들은 '영접'을 통해 그리스도와 연합하게 되고, 믿는 자들은 모든 삶의 사리에서 주님과 '연결'됨으로 인해 연합을 경험하게 됩니다. 이러한 연합이 중요한 이유는 연합을 통해 우리가 이루어야 할 분명한 목적이 있기 때문입니다.

먼저 하나 되어 주님의 기쁨을 서로 안에 계속해서 충만하게 유지해 가는 것입니다(13절). 그리고 주님과의 연합을 통해 그들이 믿음 안에 들어오게 하는 것입니다(21절). 그리고 23절 말씀처럼 아버지의 사랑을 그들이 알게 하는 것입니다. 다시 말해, 주님과 연결될 때 우리 안에 믿음과 기쁨과 아버지의 사랑을 아는 일이 일어나게 됩니다.

다미엔(Pater Damiaan) 신부의 나병

다미엔은 벨기에 출신의 신부입니다. 하와이 군도 몰로카이섬에서 나병 환자들에게 전도하는데 아무리 사랑을 베풀어도 그들은 '당신은 건강한 사람, 우리는 나환자'라며 거리를 둡니다. 그들과 하나가 될 수 없었습니다.

나병 환자 전도를 시작한 지 11년째 되는 해에 다미엔 신부도 나병에 걸리게 되었습니다. 책을 읽고 있는데 심부름하는 소년이 주전자에 끓는 물을 담아 가지고 오다 실수로 그 물이 신부의 발에 쏟아졌습니다. 그런데 다미엔 신부는 아무것도 모르고 계속해서 책을 읽었습니다. 소년은 이것을 보고 소리 내어 울었습니다. 왜냐하면, 존경하는 신부가 나병에 걸려 발이 감각을 잃은 것을 알았기 때문입니다.

그때야 어떤 일이 일어났는지 알게 된 신부는 소년을 위로하며 한편으로는 주님께 자기가 나병에 걸려 나병 환자들과 하나가 된 것을 감사했다고 합니다. 그로부터 5년 동안 열심히 전도하다가 1889년에 세상을 떠났는데 나병 환자와 하나가 된 5년 동안에 전도한 숫자가 앞의 11년보다도 더 많았다고 합니다.

이제 우리의 사명

주님께서는 하나님의 보냄을 받아 이 땅에 오셔서 제자들을 악에 빠지지 않도록 보전 사역을 하셨고 또한 말씀 사역을 통해 진리로 거룩하게 하셨으며, 연합사역으로 우리가 주님을 통해 하나님과 연합하도록 도우셨습니다.

그렇다면 주님께서 세상에 파송하신 우리도 다시 주님께로 돌아가는 죽음이라는 유턴이 일어나기 전까지 우리가 힘써 행해야 할 일은 주님께서 우리에게 맡겨 주신 사역들입니다. 먼저 나 자신부터 악에 빠지지 않기 위해 최선을 다해야 하고 그 이후 내게 주신 사람들을 악에서 구원하는 사역을 감당해야 합니다.

또한, 하나님의 말씀으로 우리 자신을 거룩하게 만들어 하나님 나라가 우리 안에 일어나기 위해 준비해야 합니다. 그리스도와 연합하고, 교회와 연합하고, 성도들과 연합하여, 믿지 않는 자들을 믿게 하고 하나님의 사랑을 세상이 알게 하고 주님의 영광과 기쁨이 우리 안에 충만하게 임하는 삶을 살다가 주님 앞으로 유턴해야 합니다.

꼭 기억해야 하는 한 가지는 우리 모두는 반드시 돌아가야 하는 인생이라는 것입니다. 그러기에 주님께로 돌아가는 유턴이 일어나기 전까지 내게 주신 사명을 잘 감당하다가 주님 부르실 때 주님처럼 "다 이루었습니다"라고 고백할 수 있는 우리가 모두 되었으면 좋겠습니다.

제1부
제3장 죽음은 유턴이다
[요한복음 17:11-24]

마음 열기

Q) 당신의 삶에도 버킷리스트가 있습니까?

죽기 전에 가보고 싶은 곳, 해보고 싶은 것 그리고 만나고 싶은 사람은 누구입니까?

본문 연구

1) 아버지께로 돌아가셔야 하는 주님께서 아버지의 이름으로 보전하기 원하셨던 자들은 누구입니까?(요 17:11-12)

2) 세상에 속하지 않는다는 것은 어떤 의미입니까?(요 17:15, 17)

3) 예수님께서 계신 곳(하늘)에서 우리가 경험하기 원하시는 것은 무엇입니까?(요 17:24)

말씀 거울

Q) 말씀이라는 거울 앞에 드러난 나의 모습을 찾아보십시오.

나는 어떤 사람이었습니까? (~인 나)

왜 그러한 모습으로 살아왔습니까?

나눔과 적용

1) 당신은 회개하여 어떻게 하나님께 쓰임 받기 원하십니까?

아버지의 품으로 돌아가기 전에 반드시 이루어야 할 사명은 무엇입니까?

그 사명을 위해 당신은 지금 어떤 노력을 하고 있습니까?

또한, 그 사명을 감당하는 데 있어 걸림돌과 장애물은 무엇입니까?

2) 당신의 삶이 악에 빠지지 않기 위해 어떻게 해야 합니까?

당신을 넘어뜨릴 수 있는 최고의 유혹은 무엇입니까?

그 유혹을 이겨 내기 위한 당신만의 방법은 무엇입니까?

3) 주님과 연합하여 살아가고 천국에서 주의 영광을 보기를 원하며 살아간다면 우리의 삶에 어떤 변화가 일어날까요?

그리고 우리에게 다가오는 유혹과 시험을 어떻게 이겨낼 수 있을까요?

제4장

삶이 죽음에게 길을 묻는다

[요한복음 13:1-15] [1] 유월절 전에 예수께서 자기가 세상을 떠나 아버지께로 돌아가실 때가 이른 줄 아시고 세상에 있는 자기 사람들을 사랑하시되 끝까지 사랑하시니라 [2] 마귀가 벌써 시몬의 아들 가룟 유다의 마음에 예수를 팔려는 생각을 넣었더라 [3] 저녁 먹는 중 예수는 아버지께서 모든 것을 자기 손에 맡기신 것과 또 자기가 하나님께로부터 오셨다가 하나님께로 돌아가실 것을 아시고 [4] 저녁 잡수시던 자리에서 일어나 겉옷을 벗고 수건을 가져다가 허리에 두르시고 [5] 이에 대야에 물을 떠서 제자들의 발을 씻으시고 그 두르신 수건으로 닦기를 시작하여 [6] 시몬 베드로에게 이르시니 베드로가 이르되 주여 주께서 내 발을 씻으시나이까 [7] 예수께서 대답하여 이르시되 내가 하는 것을 네가 지금은 알지 못하나 이 후에는 알리라 [8] 베드로가 이르되 내 발을 절대로 씻지 못하시리이다 예수께서 대답하시되 내가 너를 씻어 주지 아니하면 네가 나와 상관이 없느니라 [9] 시몬 베드로가 이르되 주여 내 발뿐 아니라 손과 머리도 씻어 주옵소서 [10] 예수께서 이르시되 이미 목욕한 자는 발밖에 씻을 필요가 없느니라 온 몸이 깨끗하니라 너희가 깨끗하나 다는 아니라 하시니 [11] 이는 자기를 팔 자가 누구인지 아심이라 그러므로 다는 깨끗하지 아

니하다 하시니라 ^{12} 그들의 발을 씻으신 후에 옷을 입으시고 다시 앉아 그들에게 이르시되 내가 너희에게 행한 것을 너희가 아느냐 ^{13} 너희가 나를 선생이라 또는 주라 하니 너희 말이 옳도다 내가 그러하다 ^{14} 내가 주와 또는 선생이 되어 너희 발을 씻었으니 너희도 서로 발을 씻어 주는 것이 옳으니라 ^{15} 내가 너희에게 행한 것 같이 너희도 행하게 하려 하여 본을 보였노라

어느 한 교회 여 집사님이 수년 전 몸이 이상해서 건강검진을 받았더니 간암이라는 진단을 받게 되었습니다. 그리고 두 달밖에 살지 못한다는 사망 선고까지 받았습니다. 이분은 자신에게 남은 두 달 동안 '무엇을 할 것인가'를 생각하다가 기도하기 시작했습니다.

"하나님, 내 인생의 남아 있는 두 달 동안 어떻게 살면 좋을까요?"

기도하는데 자기 마음속에서 일어나는 제일 커다란 후회는 '사랑하지 못한 것'이었습니다. 자기가 그동안 벽을 쌓고 살아왔던 사람들의 얼굴이 자꾸만 지나갔습니다. 그래서 그동안 벽을 쌓고 살았던 사람들의 명단을 작성하여 그들을 찾아가 용서를 구했습니다. 뚜렷하게 등진 사람은 아니지만, 마땅히 사랑해야 할 만큼 사랑하지 못하고, 격려해 주지 못한 사람들까지도 찾아가서 일일이 격려해 주고 사랑해 주었습니다.

그리고 가지고 있던 재산들을 정리하기 시작했습니다. 자신의 빚을 정리하고, 자녀들에게 남길 최소한의 것을 준비했습니다. 가만히 생각해보니까 돈을 가치 있는 일에 쓰지 못했다는 것을 알게 되었습니다. 그래서 남은 돈으로 선교사를 위한 선교헌금과 불우한 이웃을 위한 구제헌금으로 사용했습니다. 그리고 사랑하는 자녀들을 생각하면서 그들에게 남길 메시지를 쓰기 위해 성경을 읽으면서 마지막 유언을 작성했습니다.

그렇게 지내다 보니 어느덧 두 달이 다 지나갔습니다. 그런데 몸이 안 좋아지기는커녕 더 건강해지는 것입니다. 뭔가 이상함을 느낀 그녀는 다른 병원에 가서 재검사했더니 간암이 아닌 오진이라는 것을 발견하게 됩니다. 그 집사님의 사정을 알고 있던 교회 목사님은 일단 오진에 대한 축하를 하면서 이렇게 질문을 했습니다.

"집사님, 남은 재산을 그렇게 사용하신 것에 대해 후회하지 않습니까?"

그러자 그 집사님은 이렇게 대답합니다.

"아니오, 목사님. 지금까지 저의 생애를 통해서 이 두 달처럼 그렇게 의미 있고 가치 있게 산 때가 없었습니다. 저는 앞으로 남은 시간도 이 마음으로 계속 살 것입니다."

마지막 남기는 말

 지난 2001년 9월 11일 미국 뉴욕에 있는 세계무역센터에 폭탄테러 사건이 일어났습니다. 많은 희생이 일어났는데 건물이 무너지는 붕괴 현장과 피랍된 비행기에 타고 있던 사람들이 마지막 남긴 말들이 공개 되었는데 그들의 한결같은 말은 '사랑한다는 것'이었습니다.
 또한, 무너진 건물 주변에서 머리가 헝클어지고 마치 넋이 나간 것 같은 한 여인이 무너진 건물더미를 배회하며 애절하게 누군가를 찾는 모습이 카메라에 비춰졌습니다. 한 방송국 기자가 누구를 찾느냐고 질문하자 "내 남편이요! 내가 그에게 '사랑해'라는 말만 전해주었으면 좋겠어요" 하고는 울음을 터트렸습니다. 죽음 앞에 서 있는 자들이나 또한 떠나가는 자에게 전하고 싶은 말 한마디는 "사랑한다"입니다. 사랑의 고백은 죽음 앞에 선 자들이 세상에 남기고 싶은 마지막 고백 가운데 하나입니다.

지워지지 않는 한 단어

 어떤 사람이 마술사로부터 지우개 하나를 받았는데 '이 지우개는 딱 한 가지만 빼고는 어떤 것도 다 지울 수 있다'라는 사실을 듣게 됩니다. 그래서 그는 호기심 가운데 지우개로 세계의 높은 사람들의 얼굴과 글이 가득 실린 신문을 지워 보았습니다. 그러자 놀랍게도 말끔히 지워졌습니다. 그는 신이 났습니다. 그림도 지우고, 사진과 시도, 소설도 지웠습니다. 그는 아예 신문 전체를 지워 버리기로 했습니다.

그런데 아무리 문질러도 한 단어만이 지워지지 않았습니다. 땀을 뻘뻘 흘리며 문지르고 문지르다 마침내 지우개가 다 닳아지고 말았습니다. 지우개가 끝내 지우지 못한 단어는 바로 '사랑'이라는 단어였습니다. 지우개는 '시간'을 의미하며 '사랑'은 시간을 뛰어넘는 영원한 것을 의미합니다.

시간이 지나면 세상의 모든 것은 지워집니다. 그러나 사랑의 기억은 지워지지도 않고 세월이 지날수록 더욱 또렷해지는 것입니다. 고린도전서 13장 8절을 보면 "예언도 폐하고 방언도 그치고 지식도 폐하지만 사랑은 언제까지나 없어지지 않는다"라고 말합니다.

> 저녁 먹는 중 예수는 아버지께서 모든 것을 자기 손에 맡기신 것과 또 자기가 하나님께로부터 오셨다가 하나님께로 돌아가실 것을 아시고 (요 13:3).

예수님께서는 자신이 하나님에게서 오셨다가 다시 하나님께로 돌아가셔야 한다는 것을 아셨습니다. 또한, 하나님께서 자신에게 맡기신 것도 아셨습니다. 그리고 1절 말씀처럼 세상을 떠나 아버지께로 돌아가실 때가 이른 줄도 아셨습니다. 그때 주님께서는 죽음에게 자신의 길을 물으십니다. '죽음에게 길을 묻는다'는 말은 죽음을 주관하시는 하나님께 인생의 길을 물었다는 것을 의미합니다. 그래서 주님께서 얻으신 답이 바로 세상에 있는 자기 사람들을 '사랑' 하시는 것이었습니다.

죽음을 통해 하나님 앞에 서야 하는 인생이라면 죽기 전에 내게 주신 사람들을 돌아보고 그들을 사랑하는 것 또한 하나님께서 맡겨 주신 사명임을 기억해야 합니다.

그렇다면 아버지께로 돌아가셔야 하는 주님께서 세상에 보여 주고 싶어하신 사랑은 어떤 것일까요?

끝까지 사랑

> 유월절 전에 예수께서 자기가 세상을 떠나 아버지께로 돌아가실 때가 이른 줄 아시고 세상에 있는 자기 사람들을 사랑하시되 끝까지 사랑하시니라(요 13:1).

"끝까지"란 단어는 '영원토록'이라는 시간적 의미와 '충분히'라는 양적 의미를 가집니다. 그래서 주님께서 보여 주시는 끝까지 사랑은 시간적 관점에서 멈춤이 없이 마지막 순간까지 이어지는 사랑을 의미하고, NIV 영어 성경에서 말하는 것처럼 사랑의 크기와 규모가 '충분히'(the full extent) 나타나는 것을 의미합니다. 반면 세상의 사랑은 지속적이지 않습니다. 뜨겁게 사랑하다 식어 버리기도 하고 때로는 사랑하다 미워하고 원수가 되기도 합니다. 그러나 주님께서 보여 주시는 사랑은 아버지께로 돌아가시는 때까지 멈춤이 없는 책임감 있는 사랑이었습니다.

끝없는 사랑(endless love)

끝없는 사랑이란 어떤 상황이나 조건에 제한되지 않는 사랑을 의미합니다. 이 사랑은 하나님의 사랑을 보여 주는 '아가페'(ἀγάπη)를 의미합니다. 그래서 "끝까지 사랑하시니라"에 사용된 단어가 바로 아가페의 동사형 '아가파오'(ἀγαπάω)입니다. 이 사랑은 하나님의 초월적 사랑을 의미하는데 세상에 있는 주님의 사람들이 주님께 어떤 행동을 하더라도 또한 그들이 주님이 원하는 반응을 보이지 않더라도 주님의 사랑은 변함없이 끝없는 사랑을 베푸신다는 것을 의미합니다.

주님의 끝없는 사랑은 '그럼에도의 사랑'이고 또한 조건과 환경에 구여 되지 않는 '무조건적 사랑'입니다. 주님께서 이 사랑으로 자신을 팔아 버릴 가룟 유다에게도 사랑하셨고 또한 자신을 부인하고 저주할 베드로에게도 그 끝없는 제한 없는 사랑을 보여 주셨습니다.

끝내주는 사랑

저녁 잡수시던 자리에서 일어나신 주님께서 제자들의 발을 씻기 시작하십니다(5절). 그런데 허리에 수건을 두르고 발을 씻는 이 행동은 종이나 노예들이 하는 천한 일이었습니다. 당시의 사람들 상식에서는 이해가 되지 않는 행동이었습니다. 주님께서 제자들의 발을 씻으시는 행동은 그들의 상식과 생각을 뛰어넘는 사랑의 행동이었고 여기에는 주님께서 전하고 싶은 메시지가 담겨 있습니다.

먼저 주님께서 제자들의 발을 씻기신 것은 주님께서 겸손과 섬김의 종으로 이 땅에 오셨다는 것을 보여 주는 행동이었습니다. 주님께서는 섬김을 받으려고 오신 것이 아니라 섬기러 오셨다는 것을 보여 주시기 위해 제자들의 발을 씻기셨고 나귀를 타셨고, 그리고 십자가에서 죽으심으로 섬김의 본을 보여 주셨습니다.

또한, 주님께서 제자들의 발을 씻기시는 본을 보이신 것은 주님의 사랑을 경험한 제자들이 그렇게 서로 발을 씻어 주는 사랑의 행동을 하기 원하셨기 때문입니다.

> 내가 주와 또는 선생이 되어 너희 발을 씻었으니 너희도 서로 발을 씻어 주는 것이 옳으니라(요 13:14).

그러나 제자들의 발을 씻어주신 주님의 행동이 단지 예수님의 겸손과 섬김으로만 국한되지 않습니다. 왜냐하면, 베드로가 예수님께서 발을 씻기시는 것을 거부했을 때 그러면 네가 나와 상관이 없다고 말씀하셨기 때문입니다(8절). 단순히 발을 씻겨 주는 행동을 거부했다고 그렇게 말할 수는 없습니다.

여기서 말하는 "상관"이라는 단어가 원어로 '몫' 혹은 '분깃'을 의미하는 단어인데 이 말씀은 예수님을 통해 씻음을 받지 못하면 주님께서 약속하신 유업을 얻지 못한다는 말입니다. 다시 말해서, 발 씻음의 행동은 구원과 관련되어 있습니다.

그래서 어떤 학자들은 4절 예수님께서 겉옷을 "벗고"라는 단어와 12절 발을 씻으신 후에 옷을 "입으신" 것을 주님께서 십자가 위에서 생명의 옷을 벗고 다시 살아나셔서 부활과 생명의 옷을 입으실 것을 예표하는 부분이라고 보기도 합니다. 다시 말해, 죄 씻음 받는 구원의 문제는 주님께서 십자가 위에서 행하시는 구원의 행위를 통해 이루어지지만 이제 너희들은 서로의 발을 씻기며 죄 사함의 세례를 베풀고 또한 사랑과 용서의 발 씻음을 행하며 살아가야 한다는 메시지를 주시는 것입니다.

주님께서는 마지막까지 제자들과 함께 계시면서 또한 발을 씻는 행위를 통해 주님의 사랑과 겸손을 보여 주셨고 또한 자신을 배반하고 또한 자신을 팔아 버릴 제자들에게도 끝없는 사랑을 보여 주십니다. 그리고 종들이 해야 할 발을 씻는 행동을 주님께서는 직접 행하시면서 겸손과 사랑의 종으로 오신 주님의 끝내주는 사랑을 보여 주신 것입니다.

그러므로 우리는 기억해야 합니다. 주님께서 보여 주신 끝까지 사랑과 끝없는 사랑과 끝내주는 그 사랑으로 인해 우리가 지금 이 자리에 서 있다는 것을 말입니다. 나의 공로나 힘으로가 아닌 또한 구원을 받을 만한 자격이나 조건이 있어서가 아닌 오직 하나님의 사랑으로 끝까지 우리를 사랑하시고 또한 끝없는 사랑을 보여 주신 끝내주는 주님의 사랑으로 우리가 구원의 자리에 서게 된 것입니다.

어떻게 남은 시간을 살아야 합니까?

그렇다면 우리도 하나님 앞에 돌아가기 전에 생명의 주인 되시는 하나님께 물어야 합니다.

> 어떻게 남은 시간을 살아야 합니까?

하나님께서는 우리에게 동일하게 말씀하실 것입니다.

> 너도 끝까지 사랑해야 한다. 끝없는 사람을 내게 주신 자들에게 베풀어라. 그리고 스스로 종처럼 낮아져서 먼저 발을 씻어주는 끝내주는 사랑을 보여 주라.

그러므로 이제 우리도 내게 주신 자들에게 먼저 사랑을 베풀어야 합니다. 먼저 본을 보여 주시면서 따라하라고 하신 주님의 본을 따라 우리도 사랑해야 합니다. 죽음이라는 마지막 순간이 올 때 그렇게 하려고 하지 말고 지금부터 매일 끝없는 사랑과 끝내주는 사랑을 보여 주고 끝까지 사랑하는 삶이 되어야 합니다.

그런데 문제가 있습니다. 주님께서는 제자들을 향해 끝까지 사랑하셨고, 끝없는 사랑을 베풀어 주셨고, 그리고 끝내주는 사랑을 보여 주셨는데 본문을 보면 두 명의 제자가 주님의 사랑에 대한 거부권을 행사하고 있습니다. 이들은 죽음을 향해 질문하지 않고 삶에 묶여 살아가는 모습을 보여 줍니다.

베드로의 거부권

먼저 요한복음 13장 8절 이하에 나오는 베드로를 주목해 보십시오. 주님께서 베드로의 발을 씻기려고 하자 베드로가 거부 의사를 드러냅니다.

> 내 발을 절대로 씻지 못하시리이다(요 13:8).

이 말을 원문의 뉘앙스로 번역하면 '당신은 결코 나의 발만은 영원히 씻지 못할 것입니다'입니다. 이 말속에는 나의 냄새나고 더러운 발을 예수님께 내어놓기가 염치없다는 의미도 있고 또한 스승이신 주님께서 천한 사람들이나 하는 발 씻기는 행위를 하는 것이 부당하다는 생각이었을 수도 있습니다.

명목상으로는 주님을 위한 말과 행동처럼 보이지만 그 속에는 삶 속에 갇혀 살아가면서 세상의 형식과 격식에 묶여 살아가고 있는 베드로의 모습을 발견하게 됩니다.

'결코'와 '절대로'의 착각

베드로는 지금 주님께서 하시고자 하는 일을 이해하지 못하고 있습니다. 그렇기에 세상적이고 인간적인 관점으로 주님의 행동을 바라보고 있습니다. 여기에는 예수님의 행동이 틀렸고 자신의 행동이 옳다는 착각도 포함되어 있습니다. 그런데 우리는 이러한 베드로의 모습을 이미 마주한 적이 있습니다.

마태복음 16장에서 베드로의 신앙고백을 들으신 주님께서 처음으로 수난 예고와 자기의 죽음에 대해 말씀하십니다.

그러자 주님을 붙들고 항변하여 "이 일이 결코 주께 미치지 아니하리이다"고 막아섭니다. 그때 사용한 "결코"라는 단어는 본문에 나온 '절대로' 라는 단어와 같은 원어의 단어를 사용하고 있습니다. 그때도 인간적이고 세상의 관점으로 예수님을 바라보고 있었고 하나님의 일을 생각하지 않고 사람의 일을 생각하다 책망을 받았습니다.

그런데 베드로는 똑같은 행동을 다시 반복하고 있습니다. 분명히 주님께서 "내가 하는 것을 네가 지금은 알지 못하나 이후에는 알리라"(요 13:7)라고 말씀하셨지만, 여전히 삶에 묶여 세상의 방식으로 주님의 행동을 판단하고 거부하는 안타까움을 드러냅니다.

우리의 삶도 이와 같은 베드로의 행동이 자주 드러납니다. 매년 세례 문답을 할 때 저는 세례 후보자에게 꼭 이런 질문을 합니다.

> 만약 지금 당신이 죽는다면 천국에 가실 수 있습니까?

그러면 어떤 분들은 '글쎄요, 아니요'라고 대답합니다. 그분들의 생각 속에는 자신의 더럽고 냄새나는 삶이 천국으로 가는 것을 허락하지 않을 것이라고 생각을 한 것입니다. 그런데 주님께서 이 땅에 오신 이유가 바로 우리의 냄새나고 더러운 발을 씻기기 위함입니다. 주님의 사랑을 거부하지 말고 받아들여야 합니다. 겸손을 가장한 위선으로 주님의 사랑과 은혜를 거부해서는 안 됩니다.

베드로는 주님의 말씀에 자기 생각을 돌이키고 발 씻음을 받게 됩니다. 주님께서 우리의 발을 씻겨주시는 것이 은혜입니다. 나의 고정된 생각으로 주님의 은혜를 거부하지 않아야 합니다. 우리의 냄새 나는 발을 씻으시는 끝내주는 주님의 사랑을 받아 우리도 주님처럼 이 사랑을 나누는 삶이 되어야 합니다.

가롯 유다의 거부권

또 한 사람은 가롯 유다입니다. 그는 베드로와 결이 조금 다른 사람입니다. 그는 주님께서 보여 주시는 사랑을 군말 없이 받습니다. 밖으로는 주님의 사랑을 경험한 것처럼 보이고 또한 주님의 사랑을 받아들이는 것처럼 보였습니다. 그런데 가롯 유다는 그의 안에서 주님의 사랑을 거부하고 있었습니다. 유다의 마음에 마귀가 집어넣은 생각이 있었고(2절) 또한 주님의 사랑을 경험하면서도 자기 생각을 버리지 않습니다.

사탄 마귀는 아마도 이렇게 말했을지도 모릅니다.

"네가 살기 위해서는 예수를 죽여야 한다."

마귀의 생각 그리고 세상의 생각에 가스라이팅이 되어 주님의 놀라운 사랑이 지금 다가오고 있지만, 그 사랑을 받아들이지 못하고 거부해 버린 것입니다. 어쩌면 가롯 유다는 자신에게 주어진 마지막 기회마저 발로 걷어차 버렸습니다. 마귀의 생각에 그리고 자기의 생각에 묶여 결국 예수님을 팔아 버리는 안타까운 사람이 되었습니다.

우리도 가룟 유다처럼 살아갈 수 있습니다. 사람들의 시선을 의식해서 주님의 사랑을 받아들이는 척할 수 있습니다. 교회에 와서 은혜받는 척할 수 있습니다. 신실한 주님의 제자인 척할 수 있습니다. 주님의 사랑이 우리의 생각과 마음을 적시지 않으면 사탄이 그리고 세상의 생각들이 우리의 생각과 마음을 지배해 버릴 수도 있습니다. 그러면 주님과 함께 있으면서도 주님을 팔 생각을 하며 살아가는 안타까운 인생이 되고 말 것입니다.

공통점

이 두 제자의 공통점은 삶에 묶여 세상의 생각과 관점 그리고 사탄에 묶여 사탄이 주는 생각과 마음으로 살아가면서 주님의 사랑을 거부하고 말았습니다.

> 우리는 누구처럼 살아가고 있습니까?
> 베드로 같은 삶을 살고 있습니까?
> 아니면 유다 같은 삶을 살고 있습니까?
> 주님의 끝까지 사랑과 끝없는 사랑과 끝내주는 사랑을 경험하면서도 여전히 그 사랑에 거부권을 행사하고 있지 않으십니까?

세상의 사고방식에 묶여서 또한 사탄이 주는 생각에 붙들려서 지금도 주님의 사랑을 거부하고 있다면 베드로처럼 다시 주님 말씀을 듣고 냄새나고 더러운 발을 주님께 내밂을 통해 씻음 받는 복된 삶이 되어야 합니다.

죽음에게 길을 묻는다

우리 앞에 다가올 죽음 앞에 '어떻게 살아야 하는가'를 질문해야 합니다. 그리고 주님처럼 내게 주신 자들을 향한 사랑을 실천하며 살아야 합니다. 주님의 끝까지 사랑, 끝없는 사랑 그리고 끝내주는 사랑을 이미 경험한 우리는 이제 내가 받은 그 사랑을 내게 주신 사람들에게 나누는 삶을 살아야 합니다.

베드로처럼 세상의 사고에 묶여 주님의 사랑을 거부하지 말고, 유다처럼 밖으로는 받아들이지만, 속에서는 사탄이 주는 생각과 마음으로 그 사랑을 거부하지 말아야 합니다. 다시 주님의 사랑으로 우리의 안과 밖이 충만하게 채워짐으로 세상이 기억하는 '사랑의 사람'으로 세워지는 우리가 됩시다

Manual Project 매뉴얼 프로젝트

제1부
제4장 삶이 죽음에게 길을 묻는다
[요한복음 13:1-15]

마음 열기

Q) 나에게 마지막 하루가 주어진다면 누구와 함께, 무엇을 하기를 원하십니까?

그리고 어떤 말을 남기기를 원합니까?

본문 연구

1) 예수님께서 아버지께로 돌아가실 때가 이르렀을 때 하신 일은 무엇입니까?(요 13:1)

2) 예수님께서 제자들의 발을 씻기신 이유는 무엇입니까?(요 13:7, 14-15)

3) 발을 씻기시려는 주님을 거부한 베드로에게 주님께서 하신 말씀은 무엇입니까?(요 13:8)

말씀 거울

Q) 말씀이라는 거울 앞에 드러난 나의 모습을 찾아보십시오.

나는 어떤 사람이었습니까? (~인 나)

왜 그러한 모습으로 살아왔습니까?

나눔과 적용

1) 지금 내가 하는 사랑의 행동과 주님께서 보여 주신 사랑을 비교해 보십시오. 어떤 차이가 있습니까?

또한, 내가 누군가에게 사랑의 말과 행동을 하기 위해 넘어야 할 나의 장애물은 무엇입니까?

2) 예수님께서 세상에 있는 자기 사람들을 사랑하신 것처럼, 주님께서 내게 주신 사랑해야 할 사람들의 명단을 작성해 보십시오.

그리고 내게 주신 사람들에 대해 나는 어떤 사랑의 행동과 말을 해야 할까요? (구체적으로)

3) 혹시 베드로처럼 사랑을 거부하게 만드는 나를 묶고 있는 세상적이고 인간적인 것들은 무엇입니까?

또한, 가룟 유다처럼 사랑을 받았음에도 불구하고 사랑을 표현하지 못하게 만드는 요소는 무엇입니까?

어떻게 해야 나도 '사랑의 사람'으로 남은 삶을 살아갈 수 있을까요?

제5장

마지막 말 한마디를 준비하라

[누가복음 23:39-49] ^{39} 달린 행악자 중 하나는 비방하여 이르되 네가 그리스도가 아니냐 너와 우리를 구원하라 하되 ^{40} 하나는 그 사람을 꾸짖어 이르되 네가 동일한 정죄를 받고서도 하나님을 두려워하지 아니하느냐 ^{41} 우리는 우리가 행한 일에 상당한 보응을 받는 것이니 이에 당연하거니와 이 사람이 행한 것은 옳지 않은 것이 없느니라 하고 ^{42} 이르되 예수여 당신의 나라에 임하실 때에 나를 기억하소서 하니 ^{43} 예수께서 이르시되 내가 진실로 네게 이르노니 오늘 네가 나와 함께 낙원에 있으리라 하시니라 ^{44} 때가 제육시쯤 되어 해가 빛을 잃고 온 땅에 어둠이 임하여 제구시까지 계속하며 ^{45} 성소의 휘장이 한가운데가 찢어지더라 ^{46} 예수께서 큰 소리로 불러 이르시되 아버지 내 영혼을 아버지 손에 부탁하나이다 하고 이 말씀을 하신 후 숨지시니라 ^{47} 백부장이 그 된 일을 보고 하나님께 영광을 돌려 이르되 이 사람은 정녕 의인이었도다 하고 ^{48} 이를 구경하러 모인 무리도 그 된 일을 보고 다 가슴을 치며 돌아가고 ^{49} 예수를 아는 자들과 갈릴리로부터 따라온 여자들도 다 멀리 서서 이 일을 보니라

지문과 영혼의 지문

지문(指紋, fingerprint)은 인간(사람)을 비롯한 영장류 대부분과 코알라 등 일부 비 영장류 동물의 손가락 끝부분에 난 소용돌이 모양의 금 또는 그 흔적을 의미합니다. 지문을 통해 미끄러짐을 방지하고 더 나은 그립을 제공하여 물체를 잡을 때 도움이 됩니다. 놀라운 것은 사람마다 지문의 형태가 달라 개인 식별의 도구로도 사용됩니다. 그래서 범죄 수사에서 지문을 통해 용의자를 찾거나 여권이나 신분증에서는 지문을 통해 본인 확인을 하게 됩니다.

최근 들어 인간의 혀에도 지문이 있다는 연구가 나왔습니다. 릭 사크카르 영국 에든버러대학교 교수 연구팀은 국제학술지 「사이언티픽 리포트」에 인간의 혀 표면 돌기를 3차원(3D) 분석한 결과를 발표했는데 인간의 혀에는 수백 개의 미세한 돌기가 나 있는데 혀의 모양과 질감이 사람마다 다르므로 독특한 혀 지문을 통해 손 지문보다 더 효율적인 생체 인증 수단으로 이용될 수 있다고 말했습니다.

그런데 혹시 영혼에도 지문이 있다는 이야기를 들어 본 적이 있습니까?

『영혼의 지문』이라는 책이 있는데 그 책은 기독교 세계관으로 쓰인 책이 아닙니다. 그러나 저자는 우리의 지문이 모두 다른 것처럼 우리 영혼에도 각자만의 특성에 맞게 어떤 것이 있는데 그것이 내가 다른 누군가와 다를 수밖에 없는 이유가 되고 또한 나만의 방식대로 인생을 살아야 하는 이유가 된다고 말합니다. 많은 사람이 자신의 내면 그리고 영혼이 지닌 타고난 기질을 무시한 채 어울리지 않는 껍데기 속에서 살아가다 보니 몸과 마음이 병들게 된다고 말합니다. 그래서 이 책이 말하고자 하는 것은 자기의 영혼에 새겨진 지문을 통해 진짜 자기 자신을 찾아야 한다고 주장합니다.

하나님의 지문

이제 고인이 되었지만, 팀 켈러 목사도 『하나님을 아는 지식』이라는 책에서 이 땅의 모든 만물과 사람들 속에는 하나님의 지문이 묻어 있다고 말합니다. 이 말은 어떤 의미에서 하나님께서 우리 영혼에 남겨 두신 지문을 통해 우리의 존재 됨과 삶을 제대로 살아갈 수 있다는 말입니다.

다시 말해서, 우리 영혼에는 하나님께서 남겨 놓으신 하나님의 지문이 있어서 '우리가 누구인지, 어떻게 살아야 하는지 그리고 어디로 다시 돌아가야 하는지'가 프로그래밍되어 있습니다.

그런 의미에서 이 땅에 오신 예수님께도 하나님의 지문이 남겨져 있었습니다. 그래서 그 지문을 통해 내가 누구인지 그리고 어떻게 살아야 하는지 그리고 어디로 돌아가야 하는지를 알게 되신 것입니다.

예수님께서 십자가 위에서 남기신 마지막 말 한마디는 세상에 남기는 유언 같은 메시지가 아니라 하나님 앞에 드리는 고백입니다. 복음서에 나오는 예수님의 마지막 말 한마디를 찾다 보니 한 가지 공통점이 있음을 보게 됩니다. 모두가 세상에 남기는 '유언'(遺言)이 아니라 하나님께 드리는 '고백'이라는 것입니다.

마태복음과 마가복음에는 예수님의 마지막 말 한마디가 "엘리 엘리 라마 사박다니"로 죄로 버림받는 인생들의 구원을 위해 간구하시는 모습을 담고 있습니다.

요한복음의 마지막 말 한마디는 "다 이루었다"인데 맡겨주신 사명을 마쳤다는 것을 고백하는 것입니다.

누가복음의 마지막 말 한마디인 "아버지 내 영혼을 아버지 손에 부탁하나이다"도 무언가를 이룬 자가 마지막 고백을 하나님께 드리며 자신의 영혼을 맡기는 것입니다.

지금까지 우리는 떠나가기 전 세상에 어떤 메시지를 남기는 것만 생각했는데 예수님께서는 하나님 앞에 서기 전에 하나님께 드릴 우리의 마지막 말 한마디를 준비하셨다는 것을 보게 됩니다. 이것이 어떻게 보면 하나님의 지문을 가지고 이 땅을 살아가는 하나님의 사람들이 준비해야 하는 부분입니다. 그러므로 오늘 우리는 예수님의 마지막 말 한마디를 통해 이 땅에서 예수님께서 어떻게 사셨고 또한 하나님께 돌아가야 하는 자가 어떻게 하나님 앞에 마지막 말 한마디를 준비해야 하는가를 살펴보려고 합니다.

> 예수께서 큰 소리로 불러 이르시되 아버지 내 영혼을 아버지 손에 부탁하나이다 하고 이 말씀을 하신 후 숨지시니라(눅 23:46).

아버지, 아버지 손에

예수님의 마지막 한마디에서 제일 먼저 사용하신 단어는 "아버지"를 부르시는 것입니다. 그리고 아버지의 손에 자신의 영혼을 부탁하셨습니다. "아버지"라는 이 단어는 예수님이 하나님과 어떤 관계 가운데 있으신가를 보여 주는 중요한 단어입니다.

또한, 누구의 손을 의지하며 살아가야 하는가를 알려 주는 하나님께서 남겨 주신 지문입니다. 아버지의 이름을 부르고 또한 아버지의 손안에 살아가시면서 예수님은 자신의 존재와 삶의 영역을 찾으실 수 있으셨습니다.

가끔 어떤 모임이나 개인적인 일로 인해 호텔이나 콘도 같은 숙소에 투숙할 때가 있습니다. 체크인을 위해 카운터로 가게 됩니다. 그러면 카운터의 직원이 체크인 후에 배정된 숙소의 출입 카드를 건네줍니다. 그때 받은 출입 카드는 옆에 있는 사람이 가진 것과 별반 다를 바가 없어 보입니다. 그런데 제가 가진 출입 카드는 반드시 저에게 배정된 방의 문만 열 수 있습니다. 아마도 카드 밖에는 드러나지 않지만, 그 카드 안에 하나의 방만을 열 수 있도록 세팅이 되어 있기 때문입니다.

마찬가지로 하나님께서 우리의 영혼을 세상에 보내실 때 하나님의 지문을 우리 안에 남기셔서 우리가 누구인지 그리고 우리가 출입할 수 있는 삶의 공간이 어디인지를 설정해 두셨습니다. 그것이 바로 '아버지가 내 안에 내가 아버지 안에 거하는 것'이고 아버지의 손안에서 살아가는 것입니다. 이것이 하나님의 지문이 남아 있는 모든 자에게 동일하게 프로그래밍이 되어 있습니다.

마스터키의 욕망

그런데 사탄이 가끔 우리 마음에 들어와서 이곳저곳에 지문을 찍어 놓고 가 버립니다. 또한, 우리가 살아가는 세상도 어느 순간 우리 안에 들어와서 자신들의 방식과 가치관의 지문들을 남겨둡니다. 그러다 보면 우리는 하나님께서 제한하신 공간을 넘어 우리가 호기심을 가졌던 세상의 여러 방을 열어 보고 싶은 충동을 느끼게 됩니다.

그렇게 한두 번 하나님께서 제한하신 공간을 넘어 세상의 다른 방의 문을 열다 보면 우리의 욕망은 어떠 방문이든 열 수 있는 만능열쇠를 구하게 됩니다.

그리고 세상의 더 많은 방문을 열기 위해 세상의 물질과 힘을 구하게 되고, 그 방문을 열게 됨으로 얻게 된 쾌락과 욕망의 지배를 받게 됩니다. 그런데 그것들은 하나님께서 우리에게 허용하지 않은 영역이고 또한 하나님께서 기뻐하지 않는 영역입니다. 그 결과 하나님께서 우리 영혼에 주셨던 키를 거두어 가시기도 하고 때로는 그 행동으로 인해 무서운 징벌을 주시기도 합니다.

그러나 예수님께서는 늘 아버지 안에 계셨고 또한 아버지가 그의 안에 있는 삶을 사셨습니다. 또한, 하나님의 손안에서 늘 아버지를 부르며 사셨습니다. 영혼의 체크아웃의 시간인 죽음이 이르렀을 때 주님께서는 마지막으로 아버지의 이름을 부르시며 자신의 영혼을 아버지의 손에 돌려드리며 온전한 아버지와의 연합을 준비하셨습니다.

하나님께서 허용하신 범위 안에서

결국, 아버지 하나님께로 돌아가야 하는 우리도 하나님께서 우리 영혼에 남겨 주신 하나님의 지문을 통해 내가 누구이며 그리고 누구의 손안에 살아가야 하고 또한 내게 주신 영역이 어디인가를 분별하는 삶을 살아가야 합니다. 아버지가 내 안에 그리고 내가 아버지 안에 살아가는 삶, 늘 아버지의 이름을 부르며 아버지의 손안에 살아가는 삶 그래서 아버지 하나님께서 내게 허용하신 범위 안에서 주어진 삶을 살아가야 합니다. 이것이 우리가 세상에서 만들어가야 할 거룩한 삶입니다.

그런데 아담과 하와처럼 아버지께서 정하신 그 범위를 넘어서고 또한 하나님의 손에서 벗어나려고 하는 모든 것이 '죄'입니다. 사탄은 늘 우리에게 자신의 손안에 있으면 세상을 움직일 힘을 주고 또한 어디든지 출입할 수 있는 만능열쇠를 주겠다고 말합니다.

예수님께도 그러한 시험이 왔습니다. 마태복음 4장을 보면 자신에게 엎드려 경배하면 천하만국과 영광을 주겠다고 사탄은 유혹합니다. 그러나 그것은 하나님께서 인간의 몸을 입고 오신 주님께 허용하신 부분이 아니었습니다. 심지어 사탄의 힘을 통해 그러한 천하만국과 영광을 얻는 것은 하나님께서 원하시는 부분이 아니었습니다. 그랬기에 주님께서는 단번에 그 제안을 거절하십니다.

하나님께서 내게 주신 허용범위와 공간이 하나님 안이고 또한 하나님의 손안에 살아가는 삶이 가장 복된 삶이라는 것을 아셨습니다.

그러므로 우리도 사탄의 지문이 그리고 세상의 지문이 찍혀 있는 출입 열쇠를 가지고 내가 원하는 세상 욕망의 문을 열려고 하지 말고 아버지 안에, 그리고 아버지의 손안에 있는 삶을 기도해야 합니다. 늘 아버지의 이름을 부르며 아버지께서 내게 허락하신 범위 안에서 주신 삶을 살아가는 거룩함의 결단이 필요합니다.

오늘 우리는 우리 영혼에 남겨 주신 하나님의 지문을 잘 스캔하여 우리의 존재와 삶의 범위가 하나님 안과 하나님의 손안에 있다는 것을 기억할 수 있어야 합니다.

내 영혼을 …

예수님께서 '자신의 영혼'을 아버지의 손에 부탁하고 계시는데 "내 영혼을"이라는 표현은 예수님께서 자신에게 맡기신 영혼에 대한 사명을 다 감당하셨기 때문에 이제 자신의 영혼을 위한 간구를 하시는 것입니다. 이 땅에 오신 예수님의 관심은 하나님께서 주신 영혼들이었습니다.

예수님의 공생애 기간은 하나님께서 자신에게 주신 영혼들에게 말씀을 주셨고, 기적을 보여 주셨고, 그리고 하나님의 구원으로 이끌어 내기 위해 자신의 삶을 불태운 시간이었습니다. 그리고 마지막 십자가 위에서의 시간마저 영혼들을 구원하시는데 사용하셨습니다.

다른 영혼들을 위한 기도

> 이에 예수께서 이르시되 아버지 저들을 사하여 주옵소서 자기들이 하는 것을 알지 못함이니이다 하시더라 그들이 그의 옷을 나눠 제비 뽑을새(눅 23:34).

예수님께서 자신을 십자가에 못박는 사람들을 향해 아버지의 이름을 부르십니다.

> … 아버지 저들을 사하여 주옵소서 자기들이 하는 것을 알지 못함이니이다 …(눅 23:34).

여기서 자신을 십자가에 못박는 자들이란 단순히 로마 병사들 뿐만 아니라 유대 지도자들 그리고 더 나아가 죄 가운데 살아가는 수많은 영혼을 의미합니다. 주님께서는 자신이 죽어야 하는 십자가 위에서도 그 영혼들을 포기하거나 버려두지 않으셨고 그들의 영혼을 위해 죄 사함의 기도를 하셨습니다.

> 예수께서 이르시되 내가 진실로 네게 이르노니 오늘 네가 나와 함께 낙원에 있으리라 하시니라(눅 23:43).

또한, 십자가에 달린 강도들은 자신들도 죄인이었지만 십자가의 예수님을 비방하고 욕합니다. 그러다 그중 우편에 있는 강도가 극적 회심을 일으켜서 자신의 영혼을 기억해 달라고 간구하자 주님께서는 그 영혼을 구원의 길로 인도하십니다. 심지어 자기를 죽이는 일에 앞장 선 백부장의 영혼까지도 주님께서는 구원으로 이끌어 내십니다.

주님의 사역은 한 영혼, 한 영혼을 구원하여 아버지 하나님의 손에 부탁하시는 것이었습니다. 그렇게 영혼들을 위한 사역을 하신 주님의 사명이 마무리되었음을 보여 주는 상징이 '성소의 휘장이 찢어지는 사건'입니다(45절). 성소는 예수님께서 오시기 전까지 아버지 하나님께 나아가는 유일한 길이셨습니다. 그러나 성소의 휘장이 찢어지는 사건을 통해 지금까지 성소가 감당했던 기능을 폐하시고 이제 "새로운 살 길"(히10:20)이신 예수님을 통해 우리의 영혼이 하나님께 나가게 된다는 것을 보여 주셨습니다.

영혼의 메이크업

이제 주님께서는 아버지께로 돌아가야 하실 때가 되셔서 자기의 영혼을 아버지의 손에 부탁하십니다. 우리는 여기서 다른 사람의 영혼에 관심을 가지고 구원하는 사역도 중요하지만, 또 하나 간과하지 말아야 할 것은 나 자신의 영혼에 관한 관심과 돌봄입니다. 다른 말로 내 영혼의 메이크업이 필요합니다.

누가복음 12장에 나오는 어리석은 부자도 곡식을 쌓아둘 곳간을 걱정하고, 여러 해 쓸 물건으로 인해 평안히 쉬고 먹고 마시고 즐거워하는 삶을 꿈꾸지만 정작 자신의 영혼을 돌보지 않습니다. 그때 주님께서 말씀하십니다.

> … 오늘 밤에 네 영혼을 도로 찾으리니 … (눅 12:20).

성경은 이 어리석은 부자를 "자기를 위하여 재물을 쌓아두고 하나님께 대하여 부요하지 못한 자"라고 정의합니다.

자기의 육신에 대해서는 준비를 했지만, 영혼에 대해서는 아무런 준비도 없이 살아가는 안타까운 모습입니다.

주님께서는 사람들의 영혼을 귀하게 여기며 영혼을 위한 사역을 하셨고 또한 자기의 영혼을 메이크업하며 살아가셨습니다. 영혼의 메이크업은 하나님의 뜻을 바라보고 그 뜻에 순종하는 삶으로 완성되는데 지금 예수님께서 달려 계신 십자가는 영혼의 메이크업이 완성된 자리였고 가장 아름답게 빛나는 자리였습니다. 그렇기에 주님께서는 자신의 영혼을 아버지께 부탁하시면서 담대하게 죽음 앞에 설 수 있었습니다.

그러므로 우리 영혼에 남겨진 하나님의 지문이 있는 인생은 우리가 '어떻게 살아야 하는가'에 대해 관심을 가지고 하나님께서 주신 영혼들을 구원하기 위한 사역을 감당해야 합니다. 그러나 그것만으로 충분하지 않습니다. 하나님의 뜻에 대한 온전한 순종의 삶을 통해 영혼의 메이크업을 실시해야 합니다.

부탁하나이다

내 영혼을 부탁하신다는 말씀은 예수님께서 하나님께로부터 오셨고 다시 하나님께로 돌아가야 한다는 것을 보여주시는 말씀입니다. 특별히 본문에 사용된 "부탁하나이다"라는 단어의 원어의 의미는 '위탁하다, 맡기다'라는 뜻입니다. 이 맡김과 위탁의 중심에는 신뢰가 깔려 있습니다. 예수님께서 자신의 영혼을 맡길 유일한 대상이 바로 '하나님 아버지'라는 것을 알고 계셨고, 아버지께 자신의 영혼을 맡기며 하나님의 구원을 기다리신 것입니다.

본래 예수님께서 하신 이 말씀은 시편 31장 5절 말씀을 인용하신 것입니다.

> 내가 나의 영을 주의 손에 부탁하나이다 진리의 하나님 여호와여 나를 속량하셨나이다(시 31:5).

시편 31편에는 '아버지'라는 단어가 없고 "내가 나의 영을 주의 손에 부탁하나이다"라고 기록되어 있습니다. 그런데 그 뒤에 이렇게 기록되어 있습니다.

> … 진리의 하나님 여호와여 나를 속량하셨나이다(시 31:5).

아버지의 손에 자신의 영혼을 부탁하는 이유가 바로 하나님의 속량 즉 구원을 기다리기 때문입니다. 다시 말해, 아버지의 손에 영혼을 부탁하시는 주님은 구원에 대해 간구를 하고 계십니다. 언젠가 죽음 앞에 서야 하는 우리도 아버지 하나님께 우리의 영혼을 부탁해야 합니다.

맡김과 믿음

헨리 나우웬의 책을 보면 이런 이야기 하나를 소개합니다. 서커스의 백미는 전율과 흥분이 있는 '그네 타기'입니다. 보통 그네 타기는 매달려 잡아 주는 사람과 그네를 타고 날아다니는 사람으로 구성됩니다. 우리는 주로 날아다니는 사람을 집중합니다. 그가 멋진 공중회전을 할 때면 박수갈채를 보냅니다.

그런데 여기에서 중요한 것은 그네를 타고 날아다니는 사람이 매달려 있는 사람의 손을 잡으려 해서는 안 된다는 것입니다. 만약 그렇게 한다면 그는 잡아주는 사람의 손목을 부러뜨리든지, 아니면 손을 놓쳐 바닥으로 곤두박질칠 수밖에 없습니다.

그가 해야 할 일은 잡아주는 사람이 자기의 손을 잡아 줄 것을 믿고 자기의 손을 맡기는 것입니다. 이 맡김이 바로 '믿음'입니다. 우리도 스데반처럼 우리의 영혼을 주님께 맡기는 믿음(행 7:59)이 필요합니다. 어떤 상황이 와도 이 믿음이 흔들리지 않아야 합니다. 우리의 영혼을 안전하게 지킬 수 있는 유일한 분은 예수 그리스도이십니다.

그러므로 우리도 주님처럼 맡길 만한 분에게 우리의 영혼을 맡겨야 합니다. 다른 것은 혹 실패하더라도 다음에 잘하면 됩니다. 그러나 우리 영혼의 문제는 다음에 잘하는 것이 불가능합니다. 이번이 처음이자 마지막이기에 온전히 우리의 아버지 하나님께 맡김을 통해 하나님의 구원과 은혜를 경험해야 합니다.

누가복음에 나오는 예수님의 마지막 말 한마디에 담긴 의미를 생각해 봅니다. "아버지 내 영혼을 아버지 손에 부탁하나이다"라는 이 짧은 문장 속에는 아버지께 자신의 영혼을 부탁하실 준비가 되었음을 의미합니다. 다시 말해, 내 영혼에 남기신 하나님의 지문을 통해 내가 누구이며, 어떻게 살았고, 그리고 이제 돌아갈 때가 되었으니 하나님께 드릴 마지막 한마디를 고백하는 것입니다.

우리도 하나님 앞에 서기 전에 이러한 마지막 말 한마디를 준비하는 사람이 되었으면 좋겠습니다. 그 마지막 말 한마디에는 우리의 존재와 삶 그리고 우리의 간구가 담겨 있어야 합니다.

목사로 살다 목사로 죽다

우리 영혼에는 하나님의 지문이 남아 있습니다. 그래서 어떤 존재로 살아야 하는지 그리고 무엇을 해야 하는지 그리고 아버지께 돌아가기 위해 어떻게 해야 하는가를 준비해야 합니다.

저도 말씀을 묵상하면서 나의 마지막 말 한마디를 어떻게 준비할까를 생각하다 "목사로 살다 목사로 죽다"로 정했습니다. 하나님께서 부족한 저에게 목사라는 사명을 주셨고 세워주셨습니다. 목사의 일을 하다가 목사답게 죽는 삶을 하나님께서 저에게 원하시는 부분이라는 것을 깨닫게 되었습니다.

그래서 저는 하나님 앞에 서는 날 이렇게 고백할 것입니다.

"하나님, 목사로 살다가 목사로 주님 앞에 왔습니다."

이 말 속에는 목사답게 살고 싶다는 저의 갈망과 목사라는 직분을 주신 하나님께 대한 감사가 담겨 있습니다. 그리고 제가 남은 인생을 어떻게 살아야 하는가에 대한 결단도 포함되어 있습니다.

저와 함께 사역했던 한 장로님이 저에게 이런 말씀을 주신 적이 있습니다.

목사님은 저의 육십 평생 유일한 목사님이십니다.

저는 지금도 그 말씀의 감동 속에 살아가고 있고 또한 무거운 책임감과 두려움 가운데 서 있습니다. 누군가에게 목사로 불리고 또한 목사답게 살아주기를 기대하는 분들의 기대에 맞는 삶을 살아가는 것, 어떻게 보면 제가 감당해야 하는 사명이자 책임입니다.

우리는 모두 하나님 앞에 서기 위한 마지막 말 한마디를 준비해야 합니다. 그러면 남은 인생을 누구로 그리고 어떻게 살아가야 하는가를 알게 됩니다.

세상의 지문을 지우고, 혹시나 남아 있을 사탄의 지문도 깨끗하게 지우고, 하나님 앞에 서기 위한 준비를 해야 합니다. 남아 있는 사람들에게 남길 유언과 같은 메시지도 중요하지만, 하나님 앞에 서기 위한 마지막 말 한마디를 준비하는 성도가 됩시다.

제1부
제5장 마지막 말 한마디를 준비하라
[누가복음 23:39-49]

마음 열기

Q) 세상에 남길 유언(가족 혹은 사랑하는 사람들)과 하나님께 드릴 마지막 말을 준비해 보십시오.
당신은 어떤 말을 남기려고 준비하고 있습니까?

본문 연구

1) 예수님의 영혼에 관한 관심이 십자가 위에서 어떻게 나타나고 있습니까?(눅 23:43, 46)

2) 십자가의 주님으로 인해 일어난 놀라운 일은 무엇이며 그 의미는 무엇입니까?(눅 23:45)

3) 십자가 위의 예수님을 통해 백부장에게 일어난 변화는 무엇입니까? (눅 23:47)

말씀 거울

Q) 말씀이라는 거울 앞에 드러난 나의 모습을 찾아보십시오.

나는 어떤 사람이었습니까? (~인 나)

왜 그러한 모습으로 살아왔습니까?

나눔과 적용

1) 지금 당신의 영혼은 누구의 지문을 통해 세상이라는 출입문을 열어가고 있습니까?

   또한, 세상의 지문을 가지고 당신이 열어가려고 하는 욕망의 문은 있다면 어떤 것입니까?

2) 외모에 관한 관심만큼 당신의 영혼에 관한 관심이 있습니까?

   당신의 영혼이 메이크업이 되어 있지 못하다면 어떤 이유 때문입니까?

   영혼의 메이크업을 하기 위해 지금 어떤 결단이 필요합니까?

3) 당신의 영혼을 하나님께 맡길 만한 충분한 신뢰가 있습니까?

   하나님만이 당신에게 구원을 주실 유일한 분이라는 확신이 있습니까?

   만약 그 믿음이 흔들리고 있다면 어떤 이유 때문입니까?

4) 하나님 앞에 서기 전 당신의 마지막 말 한마디를 준비해 보십시오. 나의 존재와 삶 그리고 간구를 함께 담아서 하나님께 고백할 당신의 마지막 말 한마디를 완성해 보십시오.

제6장

죽음을 기억(記憶)하라

[누가복음 22:19-23] [19] 또 떡을 가져 감사 기도 하시고 떼어 그들에게 주시며 이르시되 이것은 너희를 위하여 주는 내 몸이라 너희가 이를 행하여 나를 기념하라 하시고 [20] 저녁 먹은 후에 잔도 그와 같이 하여 이르시되 이 잔은 내 피로 세우는 새 언약이니 곧 너희를 위하여 붓는 것이라 [21] 그러나 보라 나를 파는 자의 손이 나와 함께 상 위에 있도다 [22] 인자는 이미 작정된 대로 가거니와 그를 파는 그 사람에게는 화가 있으리로다 하시니 [23] 그들이 서로 묻되 우리 중에서 이 일을 행할 자가 누구일까 하더라

유대인 친구에 대한 기억

어느 한 독일 대학의 노교수가 있었습니다. 그는 나이가 많은 라틴어 교수님이셨는데 구사하는 언어가 열 가지는 족히 되었습니다. 영어, 독일어, 불어는 기본이고 스페인어에다 몇 개의 동양 언어까지 심지어는 유창한 히브리어까지 구사하셨습니다. 사람들은 교수님께 어떻게 히브리어까

지 배우게 되었냐고 질문을 했더니 교수님은 자신의 과거 이야기를 하셨습니다. 세계 대전이 일어나기 전에 교수님은 갓 대학에 입학한 신입생이었는데 대학 기숙사에서 한 유대인 친구를 만났습니다.

친구랑 같은 방을 쓰고, 같이 먹고 그리고 같이 공부도 하면서 친하게 지냈는데 이 친구는 이상한 버릇이 하나 있었습니다. 공부를 시작하고 두어 시간 지나면 피곤하고 지치게 되는데 그때쯤 되면, 처음 들어보는 말로 이상한 시 같은 것을 소리 높여 외우는 것이었습니다.

그 언어가 히브리어였고 그 시가 구약성경에 기록된 시편 23편이었습니다. 그런데 왜 그 시를 외우느냐고 물었더니 이 시를 외우고 있으면, 하나님이 자기와 함께하심이 느껴지고 또한 알 수 없는 이상한 힘이 자신에게 밀려온다는 것입니다.

그래서 그날부터 교수님도 그 친구에게 히브리어를 배우면서 시편 23편을 같이 외우기 시작했습니다. 그렇게 1년, 2년을 함께 보내는 동안 두 친구는 공부하다 지겨워질 때쯤 되면 약속이라도 한 것처럼 시편 23편을 히브리어로 소리 높여 외쳤습니다.

기억 속에 남아 있는 말씀

그런데 전쟁으로 인해 나치의 압박이 점점 심해져서 그 유대인 친구는 학교를 그만두고 숨어 있어야만 했습니다. 그런데 어느 날 친구에게서 급한 연락이 왔습니다. 지금 나치 비밀경찰들이 들이닥쳐 사람들을 잡아가는데 자기도 잡혀서 끌려가게 될 것 같다는 것이었습니다. 교수님은 급히 자전거를 타고 친구의 은신처로 달려갔습니다.

친구의 마지막 얼굴이라도 보려고 눈물이 범벅이 되어 달려갔는데 이미 친구를 태운 차가 출발하고 있었습니다. 자전거를 타고 트럭을 뒤따라가면서 친구의 이름을 불렀습니다. 그때 갑자기 트럭 안에서 친구가 고개를 내밀었습니다. 그는 웃고 있었고 갑자기 소리높여 시편 23편을 히브리어로 외우기 시작합니다.

> 여호와는 나의 목자시니 내게 부족함이 없으리로다. 그가 나를 푸른 풀밭에 누이시며 쉴 만한 물가로 인도하시는도다(시 23:1-2).

죽음의 길로 끌려가는 친구가 미소를 지으며 외우고 있는 모습을 보자 이 교수님도 가슴이 뜨거워지면서 함께 시편 23편을 암송하기 시작했습니다. 그렇게 미소를 지으며 시편 23편을 암송하던 친구는 사라져 버렸고 그것이 친구의 마지막 모습이 되고 말았습니다.

시간이 흐를수록 전쟁은 독일군에게 불리해졌고 이 교수님도 군대에 끌려갈 수밖에 없었습니다. 결국, 나치의 패전으로 교수님도 포로로 잡혔고 총살을 당하게 되었습니다. 사형장으로 끌려가는 죽음의 대열에 끼여 걸으면서 젊은 독일군 포로들은 공포에 떨고 있었습니다. 그때 교수님의 머릿속에 갑자기 가스실로 끌려가던 친구의 얼굴이 떠올랐습니다.

'그래, 죽음의 길을 웃으며 떠난 그 친구처럼, 나도 당당하게 죽음을 맞이하자.'

어느새 형장에 도착하였고 동료들이 하나둘씩 총알에 쓰러지고 드디어 교수님의 차례가 되었을 때, 교수님은 사형 집행관에게 마지막 할 말이 있다고 말했습니다. 그러자 집행관이 무슨 할 말인지 해 보라고 하자 교수님은 잠시 눈을 감았습니다. 그러고는 사랑하는 친구가 죽음의 길을 떠나면서도 환한 얼굴로 외우던 시편 23편을 자신도 하나님 앞에 고백하고 싶었습니다. 그리고 조용히 히브리어로 시편 23편을 외우기 시작했습니다.

> 여호와는 나의 목자시니 내게 부족함이 없으리로다. 그가 나를 푸른 풀밭에 누이시며 쉴 만한 물가로 인도하시는도다 …(시 23:1-2).

알 수 없는 힘이 밀려옵니다. 용기가 생겼습니다. 마음에 평안함이 임했습니다. 그런데 그때 갑자기 형장을 지키고 있던 연합군의 장교가 자리를 박차고 벌떡 일어났습니다. 그리고 목소리를 높여, 같이 시편 23편을 히브리어로 외우기 시작했습니다. 알고 보았더니 그 연합군 장교는 유대인이었습니다. 그리고 그 장교는 교수님을 풀어 주라고 명령했고 사형 중지 서류에 사인했습니다. 놀라서 쳐다보는 사람들에게 장교는 조용히 말했습니다.

> 하나님의 백성은, 그가 비록 악마의 제복을 입었다고 할지라도 하나님의 백성이다.

결국, 이 교수님의 기억이 자신을 살렸고, 그리고 그 기억이 자기의 죽음 앞에 하나님 백성의 삶을 살게 했습니다.

올바른 기억법

우리는 모두 기억 속에 살아가고, 기억 때문에 살아갑니다. 몇 년 전에 예일대학교 미로슬라브 볼프 교수가 『기억의 종말』이라는 책을 출판했습니다. 공산주의 치하에서 목회자의 아들로 태어나 전쟁과 학살을 경험했고 스파이 혐의로 억울한 고통을 당하기도 했는데 볼프 교수는 평생 화해와 치유의 신학을 추구해 왔는데 그는 이 책의 부제를 "불의한 시대를 통과하기 위한 올바른 기억법"이라고 적었습니다.

볼프 교수는 고통스러운 현실 속에서 정의롭게 기억하고 화해를 위해 망각하는 법을 소개합니다. 그것이 바로 예수님께서 십자가 위에서 보여 주시는 사랑이고 결국 사랑만이 기억의 종말을 가져올 수 있게 만든다고 말합니다. 종종 우리는 우리의 기억 때문에 누군가에게 가해자가 되기도 합니다. 세상에서 일어나고 있는 많은 갈등에 불을 지피는 것이 바로 우리의 과거에 일어난 일에 대한 기억들입니다.

우리는 자신이 '과거의 피해자'라고 기억하고 그래서 현재 자신이 휘두르고 있는 폭력이 정당하다고 생각합니다.

분명히 편협함이나 증오에서 생겨난 폭력임에도 합법적인 자기방어로 정당화시켜 버립니다. 그리고 그 기억은 철저하게 나 중심적이어서 자주 기억이 내 중심적으로 편집되거나 왜곡됩니다. 그래서 올바른 기억이 필요합니다. 무엇을 기억하고 어떻게 기억할 것인가가 중요합니다.

예를 들어, 하나님께서는 유월절 사건 이후 그날을 기념하여 영원한 규례로 지키라(출 12:14)고 말씀하십니다. 그런데 유월절을 기억하라는 것은 애굽에서 탈출한 이스라엘 백성들의 승리나 그들이 경험했던 어떤 고생이나 아픔을 기억하라는 것이 아닙니다.

성경에서 "기념하라"고 하는 것은 '하나님께서 자기 백성들을 위해 이루신 구원에 대해 기억하라'는 의미입니다. 그런데 사람의 기억은 시간이 지나면 그 기억을 왜곡하거나 편집하여 마치 이스라엘 백성들의 영웅담처럼 그리고 모세라는 지도자를 신격화하면서 기억의 왜곡을 해버립니다. 그래서 하나님께서는 유월절을 기념하여 하나님께서 자기 백성을 구원하시기 위해 행하신 일이라는 것을 분명하게 알려 주십니다. 올바른 기억을 심어 주시기 위함입니다.

나를 기념하라

본문에도 예수님께서 유월절 만찬을 하시면서 "나를 기념하라"고 말씀하십니다. 이 유월절 만찬에 대한 기록은 마태, 마가, 누가복음에 동일하게 기록되어 있지만 19절에 나오는 "나를 기념하라"는 말씀은 누가복음(22:19)이 유일합니다.

다른 복음서는 유월절 만찬 '사건'에 집중했다면, 누가는 이 유월절 만찬에 담긴 예수님의 '생각'에 집중한 것 같습니다. 그래서 떡과 잔을 나누어 주시면서 이것을 기념하라고 말씀하시는 주님의 의도와 생각에 집중하고 있습니다.

여기서 사용된 "기념하다"라는 단어는 원어의 어원을 보면 '생각나게 하다, 생각해 내다'는 뜻을 가집니다. 다시 말해 나를 기념하라는 말씀은 '예수님의 죽음의 의미를 생각해 내라'는 말이고 또한 '모든 상황 속에서 예수님을 생각하라'는 의미입니다. 이 단어가 히브리서 10장 3절에 사용되었습니다.

> 그러나 이 제사들에는 해마다 죄를 기억하게 하는 것이 있나니 (히 10:3).

여기서 사용된 "기억하다"는 단어가 위에 사용된 단어가 같은 의미인데 옛 언약 아래 있던 자들이 드렸던 대속죄일 제사를 통해 자신들의 죄를 기억하게 되었다는 말입니다. 대속죄일 제사는 유대인들에게는 아주 중요한 시간입니다. 이때 자신들의 죄를 사하지 않으면 성소가 더러워지게 되고 하나님의 임재가 공동체를 떠나가게 됩니다.

그렇기에 기억한다는 것은 선택이 아니라 반드시 그들의 삶에서 행해야 할 미션입니다. 왜냐하면, 기억함에 그들의 구원의 문제가 달려있고 또한 하나님 백성으로 살아가기 위한 필수 조건이 걸려 있기 때문입니다.

"나를 기념하라"라는 말씀은 이제 곧 세상을 떠나가실 주님께서 주님이 없는 세상을 살아가야 하는 제자들에게 주님에 대한 올바른 기억을 심어 주시기 위해 주시는 말씀입니다. 그래야 그 기억을 통해 주님이 떠나가신 이후 제자들의 삶이 주님의 말씀대로 살아갈 수 있고 또한 주님께서 명령하신 일을 감당하며 살아갈 수 있기 때문입니다.

우리도 그리스도 안에서 올바른 기억이 회복되어야 합니다. 세상이 만들어 준 왜곡된 기억과 내가 스스로 나를 위해 편집한 기억에 의지하여 살아가는 것이 아니라, 우리는 그리스도께서 우리 안에 심어 주신 기억으로 살아가야 합니다. 이제 주님께서는 자신의 죽음을 제자들이 기억하며 살아가게 하시기 위해 유월절 만찬을 통해 말씀하십니다.

어떻게 기억해야 하는가?

> 또 떡을 가져 감사 기도하시고 떼어 그들에게 주시며 이르시되 이것은 너희를 위하여 주는 내 몸이라 너희가 이를 행하여 나를 기념하라 하시고 저녁 먹은 후에 잔도 그와 같이 하여 이르시되 이 잔은 내 피로 세우는 새 언약이니 곧 너희를 위하여 붓는 것이라(눅 22:19-20).

주님께서 제자들에게 떡과 잔을 주시면서 "너희를 위하여"라는 단어를 반복해서 말씀하십니다. "위하여"(ὑπέρ)라는 단어는 말 그대로 '위하여'(for)라는 의미도 있고 '대신하여, 때문에' 라는 뜻도 가집니다. 주님의 죽으심의 이유가 우리와 연결되어 있고 우리 때문에 그리고 우리를 대신하여, 우리를 위하여 죄에서 구원하시기 위한 죽음이라는 것을 말합니다.

오해하지 말라

그러나 사람들 눈에는 가룟 유다의 손에 팔리고, 유대 종교 지도자들의 거짓 증거와 모략 때문에 죽으신 것처럼 보입니다. 또한, 메시아로 오셨다고 하시면서 무기력하고 무능력하게 죽은 것처럼 보입니다. 그러다 보면 그들의 기억 속에 사람들에 대한 원망과 분노로 가득 차게 되고 또한 예수님에 대한 오해로 인해 그들의 믿음이 무너질 수도 있습니다. 그래서 주님께서 제자들에게 올바른 기억을 심어 주시려고 말씀하시는 것입니다.

예수님의 죽으심으로 인해 사람들을 미워하고 세상에 분노하지 말라고 또한 주님께서 무능력하고 무기력해서 죽으신 것이 아니라 죽으셔야만 우리의 죄를 대속할 수 있고 하나님과 화해할 수 있기에 주님께서 스스로 그 죽음의 길로 나가셨다는 것을 말씀하시는 것입니다.

무엇을 기억해야 하는가?

> 저녁 먹은 후에 잔도 그와 같이 하여 이르시되 이 잔은 내 피로 세우는 새 언약이니 곧 너희를 위하여 붓는 것이라(눅 22:20).

예수님께서 떡과 잔을 주시면서 제자들에게 기억하게 하시려는 것은 "이 잔은 주님의 피로 세우는 새 언약"이라는 것입니다. 이 말씀은 하나님께서 지금까지 모세와 세우셨던 짐승의 피를 통해 주시는 언약을 폐하시고, 이제 새로운 언약을 예수님을 통해 세우셨다는 것을 알려 주시는 것입니다. 다시 말해, 십자가 위에서 죽으신 예수의 피를 통해 하나님과 새로운 언약이 체결 되고 그 언약을 통해 사람들이 하나님 앞에 담대하게 나갈 수 있게 된다는 것을 말씀하십니다.

예수님께서 제자들에게 기억하게 하시려는 것은 '내가 죽어야만 하나님과 세상과의 새로운 화해의 언약이 시작된다'는 것입니다. 하나님께 나갈 수 있는 유일한 길은 이제 새 언약이신 예수님의 피를 통해서만 주어지기에 주님께서 죽기 위해 나간다고 말씀하십니다. 왜곡될 수 있는 죽음이라는 기억을 주님께서는 '어떻게 자기 죽음을 기억해야 하는지' 그리고 '무엇을 기억해야 하는가'를 분명히 보여 주십니다.

그런데 이러한 기억을 심어 주시는 이유가 있습니다. 그것은 주님께서 십자가 죽음으로 떠나가시고 제자들이 홀로 남겨지기 때문입니다. 주님께서는 자기 죽음이 소멸이나 단절이 아니라, 새로운 관계의 시작이며 또한 주님과 하나 되고 또한 연합되었다는 것을 보여 주는 아주 중요한 시간이 될 것이라고 이 성찬을 통해 말씀하십니다.

성찬의 의미

첫째, 예수님께서 유월절 만찬에서 나누신 떡과 잔 앞에는 정관사가 붙어 있습니다. 이 말은 하나의 떡을 나누었고 또한 하나의 잔을 서로 마시고 있다는 것을 보여줍니다. 이 말은 주님과 제자들이 하나라는 것을 보여 주시는 것입니다. 또한, 주님께서 떠나가시지만 나는 이 하나의 빵을 찢어

나누었던 것처럼 너희와 함께 있다는 것을 말씀하십니다.

둘째, 주님께서 주신 떡과 잔은 우리 몸속에 들어와서 우리의 몸과 연합이 일어나게 됩니다. 주님의 몸인 떡을 먹고 주님의 몸을 이루게 되고, 주님이 피를 마시고 주님의 피로 수혈 받는 인생이 되어 조금 극단적으로 말하자면 주님의 피가 내 안에서 역사하는 자가 되는 것입니다.

주님께서 주시는 잔과 떡을 통해 우리가 주님과 연합하여 주님과 함께 있는 자가 되었다는 것을 보여 주십니다. 그래서 예수님의 죽으심이 단절과 소멸의 사건이 아니라 주님이 내 안에 그리고 내가 주님 안에 있는 새로운 연합을 이루게 된다는 것을 보여 주십니다.

제자들은 주님이 눈에 보이지 않는 세상을 살아가게 되지만 이제 더 이상 슬픔과 고통 가운데 두려워하며 살아가지 않고 담대하게 살아갈 수 있게 됩니다. 왜냐하면, 주님께서 내 안에 계시고 나와 함께 일하시기 때문입니다. 이것이 주님께서 제자들에게 떡과 잔을 주시면서 심어 주신 올바른 기억입니다.

셋째, 성찬은 우리가 주님의 죽으심을 전하는 자라는 것을 기억하게 만듭니다. 사도 바울은 우리가 주님께서 주시는 떡을 먹고 잔을 마실 때마다 주님의 죽으심을 전해야 하는 사람이라는 것을 알려 줍니다. 주님께서 죽으신 이유가 바로 나와 당신을 위한 것이며 또한 하나님께 나아가는 자들을 위한 새로운 길을 만드신 사건이라는 것을 기억해야 합니다. 내가 올바르게 기억하면 하나님과 세상 사이에 화해를 위한 자리로 나가게 됩니다. 세상이 하나님과 화해할 수 있도록 주의 죽으심을 주님 오실 때까지 전하는 것이 올바른 기억을 가지고 살아가는 우리에게 주어진 사명입니다.

> 너희가 이 떡을 먹으며 이 잔을 마실 때마다 주의 죽으심을 그가 오실 때까지 전하는 것이니라(고전 11:26).

예수님을 기억하는 사람들

우리 크리스천들은 예수님을 기억하는 사람들입니다. 또한, 예수님을 기억나게 하는 사람입니다.

십자가를 지시기 위해 예루살렘으로 입성하신 우리는 어떻게 기억하고 있습니까?

그의 죽으심으로 우리가 생명을 얻었고 또한 하나님께 나갈 수 있는 구원의 길을 얻게 되었고, 그리고 그리스도와 연합하여 세상을 살아갈 힘을 얻게 되었습니다. 그렇다면 이제 우리의 사명은 주의 죽으심을 주님 오실 때까지 전하는 자가 되어야 합니다.

기억을 심는 사람

이제 우리도 예수님처럼 언젠가 다가올 우리의 죽음 앞에 어떻게 기억되는 사람이 되어야 하는가를 생각해야 합니다. 또한, 사람들이 나를 어떤 사람으로 기억하게 할 것인가를 고민해야 합니다.

1888년, 프랑스의 한 신문에 이런 기사가 실렸습니다.

> 죽음의 상인이 사망하다. 사람을 죽이는 다이너마이트로 부자가 된 인물 ….

다름 아닌, 다이너마이트를 발명한 알프레드 노벨의 부고를 알리는 기사였습니다. 하지만, 실제로는 노벨의 죽음이 아닌 그의 형의 죽음을, 한 신문사가 알프레드 노벨의 죽음으로 착각하여 오보를 낸 것이었습니다.

그런데 이 기사를 접한 많은 사람은 노벨의 죽음을 슬퍼하기보다 깎아 내리는 모습을 보고 노벨은 자기 자신을 되돌아보게 되었습니다. 그리고 어떻게 살 것인가를 고민하기 시작했습니다. 그리고 자기 재산의 대부분을 은행 기금으로 예치하여 인류 복지에 공헌한 사람이나 단체에 노벨상을 수여하도록 했습니다.

자신을 기억하는 사람들의 기억 때문에 자신의 삶을 바꾸었던 노벨처럼 우리도 남은 자들에게 어떤 기억을 남기는 자가 될 것인가를 고민할 수 있어야 합니다. 예수님을 기억나게 하는 사람 그리고 예수님을 보여 주는 사람이 되어 세상 속에 영적 기억을 심는 사람이 되기를 바랍니다.

Manual Project 매뉴얼 프로젝트

제1부
제6장 죽음을 기억(記憶)하라
[누가복음 22:19-23]

마음 열기

Q) 당신의 삶에 가장 강력한 기억으로 남는 사람이 있습니까?
그 사람이 어떤 기억을 당신에게 남겨 주었고 그 기억이 당신의 삶에 어떤 영향을 주었습니까?

본문 연구

1) 복음서에 나오는 유월절 만찬 사건 가운데 누가복음에만 등장하는 말은 무엇입니까?(눅 22:19)

2) 주님께서 주시는 떡과 잔 속에 담겨있는 의미는 무엇입니까? (눅 22:19-20)

3) 주님께서 말씀하시는 죽음의 정의는 무엇입니까?(눅 22:22)

말씀 거울

Q) 말씀이라는 거울 앞에 드러난 나의 모습을 찾아보십시오.

　　나는 어떤 사람이었습니까? (~인 나)

　　왜 그러한 모습으로 살아왔습니까?

나눔과 적용

1) 예수님께서 제자들에게 기억을 심어 주신 것처럼 당신은 사람들에게 어떻게 기억되기를 원합니까?

　　또한, 사람들이 당신을 생각할 때 무엇이 기억나기를 원합니까?

　　(가족, 자녀, 성도, 교회, 세상 등)

2) 과거에 잘못 심어진 수많은 기억을 다시 예수님 안에서 바른 기억으로 바꾸어 가려면 어떤 과정 혹은 노력이 필요하다고 생각하십니까?

　　실제 당신의 삶에 일어난 고통스럽고 수치스러운 기억들을 그리스도 안에서 바르게 바꾸어 보십시오.

3) 사람들의 기억에 남는 사람이 되기 위해 당신의 남은 삶을 어떻게 바꾸어 가야 할까요?

제2부
서신서로 읽는 죽음

제1장

질서에 순종하고 운명을 거부하는 크리스천

[히브리서 9:27-28] ²⁷ 한 번 죽는 것은 사람에게 정해진 것이요 그 후에는 심판이 있으리니 ²⁸ 이와 같이 그리스도도 많은 사람의 죄를 담당하시려고 단번에 드리신 바 되셨고 구원에 이르게 하기 위하여 죄와 상관 없이 자기를 바라는 자들에게 두 번째 나타나시리라

현대 사회에 가장 영향력 있는 사상가 가운데 한 사람은 예루살렘 히브리대학교의 역사학자 유발 하라리(Yuval Noah Harari) 교수입니다. 그는 역사를 인류가 걸어왔던 과거를 연구하는 것으로 그치지 않고 현대 사회와 미래 사회에 일어날 변화를 연구하는 것으로 이해합니다. 그는 『사피엔스』, 『호모 데우스』 그리고 『넥서스』로 이어지는 책들 속에서 압도적인 통찰로 역사를 바라보면서 우리 세대가 기억해야 할 메시지를 던지고 있습니다.

오랫동안 인류는 기근, 역병 그리고 전쟁과 같은 것으로 인해 인류가 멸망할 수 있다는 두려움과 불안 가운데 살아왔습니다. 그리고 그와 같은 기근이나 역병이 일어나면 신

의 심판이라는 생각을 했습니다. 그러나 21세기에 들어서면서 이제 인류는 기근, 역병, 전쟁과 같은 것들을 충분히 억제하고 관리할 수 있다는 것을 보게 되었고 또한 그러한 것들이 인류의 존속에 더 이상 문제가 되지 않는다고 판단하게 됩니다.

그렇다면 기근과 역병, 전쟁을 극복한 인류는 이제 무엇을 위해 노력하게 될까요?

이런 화두를 『호모데우스』라는 책에서 던집니다. 그리고 인류의 다음 목표는 '불멸, 행복, 신성'이 될 것이라고 말합니다. 인류가 먼저 꿈꾸는 것은 노화와 죽음 그 자체를 극복하는 불멸입니다. 고대 그리스 철학자 에피쿠로스는 신을 숭배하는 것은 시간 낭비이고, 사후 세계는 없으며, 행복이 인생의 유일한 목적이라고 말합니다.

물론, 그 당시에는 많은 사람의 동의를 얻지 못했지만, 오늘날에는 많은 사람이 그의 의견에 동의하면서 현세에서의 행복, 오늘을 즐기는 삶을 살려고 합니다. 인간이 행복과 불멸을 추구한다는 것은 성능을 업그레이드해 신과 같은 존재가 되겠다는 것입니다. 그래서 '호모 사피엔스'를 '호모 데우스', 즉 신과 같은 힘을 가진 인간 혹은 신이 되려는 인간의 모습이 인간이 만들어 가는 미래의 역사가 될 것이라고 주장합니다.

그런데 죽음을 거부하고 신이 되려고 했던 인간의 욕망은 선악을 알게 하는 열매를 먹고 하나님처럼 되려고 했던 인간의 모습 속에서 이미 발현되었습니다. 창세기 3장 4절에서 뱀은 말합니다.

> 너희가 결코 죽지 아니하리라(창 3:4).

이 거짓말에 용기를 얻은 최초의 인간들은 하나님께 불순종했고 결국 죽음의 길에 들어서게 됩니다. 그리고 오늘날도 여전히 사탄과 마귀는 세상을 향해 외칩니다.

> 너희가 결코 죽지 아니하리라.

그리고 사탄의 거짓말에 속은 사람들은 여전히 죽지 않는 방법을 찾아 헤매고 있습니다.

모든 사람은 한 번 죽는다

그러나 성경은 분명한 진리를 선포합니다. 본문 27절이 말하는 것처럼 "죽는 것은 사람에게 정해진 것"입니다. 욥기 34장 15절에도 다음과 같이 말합니다.

> 모든 육체가 다 함께 죽으며 사람은 흙으로 돌아가리라(욥 34:15).

첫째, 죽는 것이 정해진 것이고 또한 그 죽음을 정하신 분이 하나님이시라면 결국 죽음은 하나님께서 정하신 질서에 속한 것입니다. 그렇다면 죽음은 피하고 거부하고 도망칠 수 있는 영역이 아니라 반드시 순종해야 할 영역이 됩니다. 하나님께서 정하신 질서이기 때문입니다. 인간이 해야 할 가장 마지막 순종은 자기의 죽음을 받아들이는 순종입니다.

둘째, 죽음은 하나님의 주권에 속한 영역입니다. 주권이란 결정권이 하나님께 있음을 의미합니다. 내가 원하는 방법과 때가 아닌 오직 하나님의 주권적인 때와 방법 속에 우리의 죽음이 있다는 것을 말합니다.

셋째, 인간은 한 번 죽습니다. 불교에 뿌리내린 우리 사회가 가지는 믿음은 사람이 여러 번 죽고 다시 태어날 수 있다고 생각합니다. 이미 각종 서적과 드라마 그리고 영화의 영향을 받은 사람들은 윤회와 환생 사상을 자신도 모르는 사이에 받아들이고 있습니다. 그러나 윤회와 환생은 하나님의 질서안에 있는 것이 아닌 인간이 만들어낸 바람일 뿐입니다.

그러나 성경은 분명하게 알려 줍니다.

> 한번 죽는 것은 사람에게 정해진 것이요 … (히 9:27).

그러므로 죽음을 두려워할 것이 아니라 죽음을 정하신 하나님을 두려워하고, 죽음 앞에 서는 것을 두려워하지 말고 죽음 이후에 하나님 앞에 서는 것을 두려워해야 합니다.

그렇다면 죽음은 무엇인가?(죽음은 왜 오는 것일까?)

죽음은 노화의 결과로 주어진 것이나 인간의 창조 과정의 기술적 오류로 주어진 것이 아닙니다. 죽음은 하나님의 진노와 심판의 결과로 주어진 것입니다. 본래 사람은 영원히 살아가도록 지음을 받은 존재입니다. 그러나 창세기에 나오는 인류의 대표였던 아담과 하와의 범죄로 죽음이 시작되었습니다.

창세기 2장에 하나님께서 처음으로 죽음을 경고하십니다. 이 말은 이전에는 죽음이라는 것이 없었음을 의미합니다. 하나님께서 아담에게 선악을 알게 하는 나무의 얼매를 먹지 말라고 명령하십니다.

> 선악을 알게 하는 나무의 열매는 먹지 말라 네가 먹는 날에는 반드시 죽으리라 하시니라(창 2:17).

그리고 말씀하시기를 "먹는 날에는 반드시 죽으리라"라는 죽음을 경고하셨습니다. 죽음이 하나님의 말씀과 연결되어 있고 또한 순종과 이어져 있음을 보게 됩니다. 그러나 뱀의 유혹에 넘어간 인간은 선악을 알게 하는 나무의 실과를 따먹는 불순종을 선택합니다. 그 결과로 죽음이 주어지게 됩니다.

> 그러므로 한 사람으로 말미암아 죄가 세상에 들어오고 죄로 말미암아 사망이 들어왔나니 이와 같이 모든 사람이 죄를 지었으므로 사망이 모든 사람에게 이르렀느니라(롬 5:12).

죽음은 인간의 죄로 인해 주어졌고 하나님의 진노와 심판이 그 안에 들어 있습니다.

죄로 인해 주어진 인간의 운명은 무엇인가?

그 죄의 결과로 하나님께서 정하신 것은 심판입니다. 심판은 하나님의 정죄 즉 유죄 선언입니다. 본문 27절에도 "죽음 후에는 심판이 있으니라"고 말씀하십니다. 로마서 14장 10절에도 "우리가 다 하나님의 심판대 앞에 서리라"라고 말하고 있습니다.

죄를 지은 인간의 결국은 지옥에 던져지게 되고 고통과 완전한 어둠 가운데 살아가게 됩니다. 성경은 사람이 죽은 후에 우리의 영혼이 가게 되는 곳으로 '천국과 지옥 외에 다른 것은 없다'는 것을 분명하게 말하고 있습니다.

이것이 우리가 맞이하게 되는 운명입니다. 운명이란 일반적으로 인간의 의지나 노력으로는 바꿀 수 없는, 미리 정해져 있는 삶의 흐름이나 사건을 의미합니다.

죄를 지은 인간에게 주어지는 운명은 죄로 인해 죽음을 맞이하게 되고 그 후에 심판으로 이어지는 '죄의 사이클'이 주어집니다. 그러다 보니 많은 사람은 죽음 앞에 두려움과 공포를 느끼게 되고 죽음을 회피하거나 죽음에서 도망치는 방법을 찾게 됩니다.

죽음의 공포를 이기기 위해 현실의 삶을 즐기려고 하고 또한 현실에 파묻혀 살아가면서 죽음을 잊어보려고 합니다. 또한, 죽기 전에 버킷리스트를 만들어 내가 하고 싶은 것, 내가 보고 싶은 곳을 다니며 살려고 합니다.

인간은 늘 자신에게 주어진 이 운명의 끈을 끊어 버리려고 아담 이후로 노력하고 있습니다. 어떤 의미에서 인간의 역사는 인간에게 주어진 운명에 대항하며 싸워 나간 역사라고 볼 수 있습니다.

인류는 운명을 바꾸기 위해 어떤 노력을 하고 있는가?

인간들이 자신에게 주어진 운명을 극복하기 위해 노력한 것들을 정리해 보면 다음과 같은 세 가지 정도로 정리해 볼 수 있습니다.

자신을 바꾸는 노력

자기 안에 생겨난 깨달음을 통하거나 혹은 자신의 무엇인가를 바꿈을 통해 운명을 변화시킬 수 있다고 믿기 시작합니다. 불교에서는 해탈의 경지 즉 깨달음의 경지가 운명을 바꾼다고 말합니다. 또 어떤 이들은 생각을 바꾸면 운명이 바뀐다고 말합니다.

생각의 습관 즉 자아를 깨뜨리는 노력을 통해 운명을 바꿀 수 있다고 믿는 것입니다. 그래서 명상하고 독서를 하고 어떤 진리를 찾기 위해 공부를 하게 되면 운명을 바꿀 수 있다고 생각합니다. 또한, 어떤 이는 자신의 운명을 결정짓는 이름을 바꾸면 운명이 바뀐다고 믿어서 많은 돈을 주고 자신에게 유익한 이름으로 바꾸기도 합니다.

다른 사람을 바꾸는 노력

운명을 바꾸는 방법으로 말하는 또 한 가지 방법은 다른 사람들을 바꾸는 것입니다. 일반적으로 남을 위한 선행과 같은 것입니다. 불교에서는 '적선'이라고 말하기도 합니다.

그리고 또 다른 곳에서는 남을 위해 희생하고 봉사하고 배려하는 착한 일이 누군가의 운명을 바꾸는 일이라고 생각하고 그것이 결국 자신에게 복을 쌓는 일이라고 믿습니다. 그러한 선행과 희생이 자신과 주변 사람들의 인생을 그리고 죽은 이후의 윤회와 환생에 도움이 된다고 말합니다.

다른 힘의 도움

 마지막으로 운명을 바꾸는 한 가지는 누군가에 의해 혹은 어떤 것의 도움으로 자신의 운명을 바꿀 수 있다고 생각하는 것입니다. 그중 하나가 귀인을 만나는 것입니다. 또는 명당의 힘을 빌리는 것입니다. 그리고 창의적이고 실제적인 시스템의 도움을 받는 것입니다. 어떤 힘을 통해 위기를 벗어나고 운명을 바꿀 수 있다는 믿음을 가집니다. 다시 말해, 세상에서 운명을 바꾸는 방법입니다.

 첫째, 자기 스스로 의지적인 노력을 통해 자신 안에 깨달음이나 사신의 무엇인가를 변화시켜 운명을 바꾸려고 합니다.
 둘째, 다른 사람을 변화시키기 위해 선을 행하는 것과 희생을 통해 자기 안에 복을 쌓아 운명을 바꾸려고 합니다.
 셋째, 귀인이라고 불리는 사람의 도움이나 혹은 명당과 같은 어떤 기운이나 힘을 통해 자신의 운명을 바꾸려고 합니다.

 그런데 운명이란 인간의 의지와 노력으로 바꿀 수 없는 것인데 자기 안에 깨달음이나 누군가를 위한 선행이나 그리고 누군가의 도움을 통해 자신의 운명을 바꿀 수 있다고 믿는 것 자체가 논리적으로 맞지 않습니다. 더 문제는 죄인 된 인간이 죄악 된 세상에서 자기나 혹은 다른 죄 된 누군가의 힘을 통해 자신의 운명을 바꿀 수 있다는 생각 자체가 말도 안 되는 것입니다.

그렇다면 그들이 말하는 운명은 진짜 운명이 아니었거나 혹은 더 나은 삶을 살게 된 것을 운명을 바꾸었다고 착각하는 것일 수 있습니다. 그리고 잠시 일어난 변화를 운명을 바꾸었다고 생각하는 것입니다.

다시 말해, 수많은 사람이 자신의 운명을 바꾸기 위해 노력하고 있지만 분명한 한 가지는 죄 된 인간은 절대 스스로 자신의 운명을 바꿀 수 있는 자격이 주어져 있지 않습니다. 결국, 있지도 않은 윤회, 전생, 환생 같은 사탄의 거짓말에 속고 있는 것입니다.

그렇다면 정말 진지하게 물어봐야 합니다

'우리의 운명을 바꿀 수 있는가?'

본문은 죄의 결과로 죽음을 맞이하게 되는 인생에 주어진 결과로 심판이 주어지는 운명을 살아가는 인간의 운명을 바꿀 방법을 소개합니다.

누가 그 운명을 바꿀 수 있는가?

이 운명을 바꾸는 일을 하기 위한 자격 조건으로 먼저 죄가 없거나 혹은 죄에서 자유로워야 합니다. 그러기에 죄인 된 인간은 그 일을 할 수 없습니다. 그런데 그 일을 할 수 있는 자격은 하나님께서 그 일을 위해 보내신 죄가 없는 자여야 합니다. 성육신하신 예수님께서는 죄가 없으신 하나님의 아들이십니다. 그는 하나님의 사랑을 세상에 보여 주시기 위해 보냄을 받은 그리스도이십니다.

> 이와 같이 그리스도도 많은 사람의 죄를 담당하시려고 단번에 드리신 바 되셨고 구원에 이르게 하기 위하여 죄와 상관 없이 자기를 바라는 자들에게 두 번째 나타나시리라(히 9:28).

자신을 단번에 드리심으로 많은 사람의 죄를 담당하셨습니다. 그리고 사람들을 구원으로 끌어내셨습니다.
어떻게 이 일이 가능할까요?
인류의 대표성을 가졌던 아담의 범죄로 모든 인류가 죄 가운데 살아가게 된 것처럼 두 번째 아담이신 예수님을 통해 많은 사람이 구원을 얻을 수 있습니다.

> 그런즉 한 범죄로 많은 사람이 정죄에 이른 것같이 한 의로운 행위로 말미암아 많은 사람이 의롭다 하심을 받아 생명에 이르렀느니라 한

> 사람이 순종하지 아니함으로 많은 사람이 죄인이 된 것 같이 한 사람
> 이 순종하심으로 많은 사람이 의인이 되리라(롬 5:18-19).

그런데 어떻게 그것이 가능한가?

> 이와 같이 그리스도도 많은 사람의 죄를 담당하시려고 단번에 드리신
> 바 되셨고 구원에 이르게 하기 위하여 죄와 상관 없이 자기를 바라는
> 자들에게 두 번째 나타나시리라(히 9:28).

그리스도께서 친히 우리의 죄를 담당하셨기 때문입니다. 그리스도께서 우리의 죄를 담당하셨다는 것은 우리가 져야 할 죄를 그분께서 가져가셨다는 말입니다. 우리가 죄로 인해 받아야 할 형벌 즉 심판도 대신 받으셨음을 의미합니다. 주님께서 십자가를 지셔야 하는 이유가 죄로 인해 우리가 받아야 하는 형벌을 대신 감당하시기 위함이었습니다.

누구를 위해 그 일을 하시는가?

우리가 주목해야 하는 것은 히브리서 9장 28절의 그 죄를 담당하신 것이 '모든 사람'이 아니라 "많은 사람"의 죄를 위한 것입니다. 신학 이론 가운데 만민구원설이 있습니다. 모든 사람이 구원받는다는 이론입니다. 예수님의 죽으심도 모든 사람의 구원을 위한 것이고 그래서 모든 사람이

구원을 받을 수 있다고 주장하는 것입니다. 현대 사람들이 기대하고 원하는 것이 보편적인 구원에 대한 부분입니다. 그러나 복음이 보편적으로 주어진 것이지 구원이 보편적으로 주어진 것이 아닙니다.

우리가 믿는 것은 칼빈주의 구원론인데 제한 구원론 혹은 제한된 속죄라고 부르기도 합니다. 예수님의 구속이 선택된 백성에게 주어진 것이라는 주장입니다. 하나님께서 미리 선택하신 자들을 구원하시기 위함이라는 하나님의 주권이 강조됩니다.

하나님의 선택은 사람의 어떠함이나 어떠한 행위에 상관없이 하나님의 주권에 의한 무조건적인 선택에 기인한 것입니다. 구원을 주시는 분이 하나님이시라면 그것은 절대적인 하나님의 선택에 달린 것입니다. 구원을 받는 인간의 관점에서 어떤 조건이나 방법을 제시하는 것은 잘못된 것입니다.

그 결과 어떤 일이 일어났는가?

예수님의 죽으심의 결과에 대해 성경은 이렇게 말합니다.

> 내가 진실로 진실로 너희에게 이르노니 내 말을 듣고 또 나 보내신 이를 믿는 자는 영생을 얻었고 심판에 이르지 아니하나니 사망에서 생명으로 옮겼느니라(요 5:24).

그리스도 예수께서 우리의 죄를 담당하심으로 인해 죽음 이후 당연히 이르게 되는 심판 받을 운명이 심판에 이르지 않고 구원에 이르는 자가 된 것입니다. 죽음은 바꿀 수 없는 인간의 운명입니다. 또한, 순종해야 할 영역입니다. 그러나 죽음 이후 주어질 심판은 바꿀 수 있는 운명이고 또한 반드시 바꾸어야 할 부분입니다.

내가 운명이 바뀐 자라는 것을 어떻게 확인하는가?

우리의 삶을 봅시다.

첫째, 여전히 죽음을 두려워하고 죽음을 피하려는 불멸을 꿈꾸고 있다면 여전히 운명에 묶여 살아가는 것입니다.
둘째, 이 땅에서 혹은 내가 만든 세상에서 행복과 기쁨을 찾으려고 애를 쓰고 있다면 여전히 운명에 묶여 살아가는 것입니다.
셋째, 자신이 하나님이 되려고 하고 하나님과 같은 힘을 가지려고 하고 있다면 죄로 인해 죽음과 심판으로 이어지는 사이클 속에 있다는 것을 증명하는 것입니다.

그러나 만약

첫째, 내가 신(神)이 되려는 욕망을 버리고 예수 그리스도를 주인으로 영접하고 겸손하게 순종하는 삶을 살아가는 자라면 운명이 바뀐 자가 분명합니다.

둘째, 주님 안에서 그리고 주님께서 주신 삶 속에서 행복을 찾아가려고 하고 있다면 운명이 바뀐 자가 되었습니다.

셋째, 더 이상 죽음을 두려워하고 피하려고 하지 않고 죽음은 순종해야 할 영역임을 인정하고 죽음 이후 하나님 앞에 서기 전에 내게 주신 하나님의 목적과 사명을 감당하는 일에 힘쓰고 있다면 그리스도로 인해 운명이 바뀐 자임이 확실합니다.

팔자(8)를 바꾸는 결단

숫자 6과 숫자 8과 그리고 숫자 9를 생각해 보십시오. 모두 가운데 있는 숫자 8자와 비슷한 모양을 가진 숫자들입니다. 먼저 6이라는 숫자는 '육신에 속한 삶'으로 정의해 보겠습니다. 이 육신에 속한 삶은 팔자에 묶여 살아가는 삶입니다.

팔자는 자신의 운명을 의미합니다. 많은 사람이 팔자에 묶이고 운명에 묶여 살아갑니다. 그리고 팔자(8)는 바로 세워도 옆으로 눕혀도 팔자(8)이고 혹은 무한대 (∞)로 변하기도 합니다. 많은 사람이 여기에 묶여 살아갑니다.

그러나 그리스도 예수를 통해 팔자에 구멍을 뚫게 되면 우리는 숫자 9와 같이 구원받은 자의 삶을 살아가게 됩니다. 이 삶은 하나님께서 정하신 질서에 순종하고 내가 바꿀 수 있는 것을 바꾸는 믿음의 결단을 하는 삶입니다.

죄와 죽음 그리고 심판으로 이어지는 운명 속에 살던 우리는 예수 그리스도를 통해 운명을 바꾸게 되었습니다. 그렇다면 팔자가 바뀐, 다시 말해 운명을 바꾸는 크리스천이 되었다면 그것을 삶으로 증명하며 살아가야 합니다.

죽음이라는 운명을 받아들이고 죽음 이후의 삶을 심판에서 구원으로 바꾸어 가는 복된 삶이 되시기를 바랍니다.

Manual Project 매뉴얼 프로젝트

제2부
제1장 질서에 순종하고 운명을 거부하는 크리스천
[히브리서 9:27-28]

마음 열기

Q) 당신은 자신을 어떤 운명에 속한 자라고 규정하고 있습니까?
세상이 그리고 나 자신이 규정해 놓은 운명 속에서 지금까지 어떻게 살아왔습니까?

본문 연구

1) 한 번 죽는 것이 정해진 이유가 무엇입니까? 죽음은 왜 오게 됩니까?
(히 9:27)

2) 죽음 이후에 주어진 인간의 운명은 무엇입니까?(히 9:27)

3) 인간에게 주어진 운명을 바꾸신 분은 누구이며, 어떻게 그 운명을 바꾸어 주셨습니까?(히 9:28)

말씀 거울

Q) 말씀이라는 거울 앞에 드러난 나의 모습을 찾아 보십시오.

나는 어떤 사람이었습니까? (~인 나)

왜 그러한 모습으로 살아왔습니까?

나눔과 적용

1) 죽음에 대한 당신의 생각을 말해 보십시오. 만약 죽고 싶지 않거나 혹은 죽을 수 없다면 그 이유를 말해 보십시오.

또한, 불멸의 삶을 살기 위해 지금 당신이 하는 노력이 있다면 어떤 것이 있을까요?

2) 하나님께서 정하신 죽음(때, 방법)을 받아들이기 위해 어떻게 해야 합니까?

또한, 세상에서 행복이 아닌 주 안에서 행복을 찾기 위해서는 어떻게 해야 할까요?

3) 그리스도로 인해 우리의 운명이 바뀌었다면 이제 당신은 어떻게 살아가야 할까요?

당신이 맞이할 죽음의 모습을 상상해 보십시오.

당신은 어떤 모습으로, 어떤 말을 하고, 그리고 어떻게 주님 앞에 가기를 원합니까?

그러한 죽음을 맞이하기 위해 당신은 지금부터 어떻게 준비해야 할까요?

제2장

죽음 이후를 살아가는 크리스천

[고린도후서 5:1-10] ¹ 만일 땅에 있는 우리의 장막 집이 무너지면 하나님께서 지으신 집 곧 손으로 지은 것이 아니요 하늘에 있는 영원한 집이 우리에게 있는 줄 아느니라 ² 참으로 우리가 여기 있어 탄식하며 하늘로부터 오는 우리 처소로 덧입기를 간절히 사모하노라 ³ 이렇게 입음은 우리가 벗은 자들로 발견되지 않으려 함이라 ⁴ 참으로 이 장막에 있는 우리가 짐진 것 같이 탄식하는 것은 벗고자 함이 아니요 오히려 덧입고자 함이니 죽을 것이 생명에 삼킨 바 되게 하려 함이라 ⁵ 곧 이것을 우리에게 이루게 하시고 보증으로 성령을 우리에게 주신 이는 하나님이시니라 ⁶ 그러므로 우리가 항상 담대하여 몸으로 있을 때에는 주와 따로 있는 줄을 아노니 ⁷ 이는 우리가 믿음으로 행하고 보는 것으로 행하지 아니함이로라 ⁸ 우리가 담대하여 원하는 바는 차라리 몸을 떠나 주와 함께 있는 그것이라 ⁹ 그런즉 우리는 몸으로 있든지 떠나든지 주를 기쁘시게 하는 자가 되기를 힘쓰노라 ¹⁰ 이는 우리가 다 반드시 그리스도의 심판대 앞에 나타나게 되어 각각 선악간에 그 몸으로 행한 것을 따라 받으려 함이라

태평양 한가운데 조그만 섬이 있는데 그곳에는 오래전부터 전해져 내려오는 한 풍습이 있었습니다. 항해하다 풍랑을 만나서 그 섬으로 표류해 오는 사람들을 일 년 동안 왕으로 세우는 것입니다. 바깥세상과 단절된 그들이 외부 세계의 정보를 알기 위한 목적이었습니다. 그러나 일 년이 지난 후에는 왔던 그대로 떠나야 합니다. 널빤지를 타고 왔으면 널빤지를 태워 보내고, 조각배를 타고 왔으면 조각배를 태워 보냅니다.

어떤 사람이 풍랑을 만나 간신히 스티로폼을 타고 그 섬에 도착하였습니다. 그러자 그 섬의 원주민들이 우르르 나와서 그의 옷을 벗긴 후 잘 보관하고, 그가 타고 온 아이스박스 스티로폼도 잘 닦아서 보관합니다.

"당신은 일 년 동안 이곳에서 왕입니다. 무슨 일이든 할 수 있고 무슨 일이든 시킬 수 있습니다. 그러나 한 가지 조건은 내년 오늘 이 옷을 입고 이 스티로폼을 타고 떠나야 합니다."

그러자 그 사람이 질문합니다.

"그러면 나보다 먼저 이 섬에 왔던 사람이 있었습니까?"

"두 명이 있었습니다."

"그 자들은 어떻게 살다 갔습니까?"

"그 사람들은 참 이상했습니다. 첫 번째 사람은 오더니 집을 짓기 시작했습니다. 저기 보이는 큰 집이 그 집인데 그 집을 짓고 난 이후에는 우리 섬에 있는 보물이란 보물은

다 끌어모았는데 우리는 그 사람이 왜 그런 일을 했는지 아직도 모릅니다. 그러고 나서 일 년 후에 원래 타고 왔던 널빤지를 타고 가다가 얼마 못 가서 빠져 죽었습니다."

"두 번째 사람은 어떻게 되었습니까?"

"두 번째 사람은 와서 그 집하고 보물들을 보더니
'이런 미련한 사람 같으니….
하나도 못 가져가는 걸 왜 저렇게 쌓아 놓았을까?
나는 먹어야겠다'라고 말하더니 일 년 동안 온 섬을 돌아다니면서 몸에 좋다고 하는 것은 무엇이든지 열심히 먹었습니다. 일 년이 지난 후 떠날 때가 되자 살이 많이 붙었습니다.

그런데 이 사람은 헤엄쳐서 우리 섬에 도착했었는데 그 몸으로 어떻게 헤엄을 쳐서 갑니까?

절반도 못 가서 빠져 죽고 말았습니다."

"그러고 나서 우리 섬에 도착한 세 번째 사람이 바로 당신입니다. 당신은 어떻게 하실 것입니까?"

세 번째 사람은 얘기를 다 듣고 나서 이렇게 말했습니다.

"내가 섬을 한 번 구경하겠습니다."

그리고 섬 주위에 있는 바다를 둘러보기 시작했습니다. 그리고 멀지 않은 곳에 조그마한 섬이 하나 보였습니다.

"저 섬은 어떤 섬입니까?"

"작은 섬인데 사람이 살지 않은 무인도입니다."

그는 자신이 무엇을 하며 살아야 하는가를 알게 되었습니다. 그리고 사람들에게 명령을 내리기 시작했습니다.

"저 섬에 우물을 파십시오. 그리고 섬에 집을 짓고 밭을 갈고 먹을 것을 잔뜩 가져다 놓으세요. 나무를 심고 꽃을 심으세요."

그는 일 년 동안 그 일만을 했습니다. 일 년이 지난 후, 그도 처음에 타고 왔던 아이스박스를 타고 떠나야 하는 날이 왔습니다. 그는 자신이 준비해 놓은 섬으로 떠나 안전하게 도착하였습니다. 그는 갈 곳이 있었습니다. 자신이 떠날 수밖에 없는 그 섬에는 투자하지 않았습니다. 대신 자신이 장차 갈 곳에 모든 것을 투자했습니다.

믿음을 가진 우리의 삶도 이와 같아야 합니다. 믿는 자들에게도 죽음이 찾아오고 떠나야 할 때가 옵니다. 자기의 죽음을 준비하지 못하는 자들은 현실 안주나 세상에서의 행복을 꿈꾸며 살아가지만 믿음을 가진 자들은 떠나야 할 때를 준비해야 합니다.

장막 집이 무너지는 죽음

본문 1절은 "만일 땅에 있는 우리의 장막 집이 무너지면"이라는 가정 혹은 조건문으로 시작합니다. 그러나 이것은 가정이 아니라 실제이고, 반드시 우리의 장막 집이 무너지는 날이 오게 됩니다. 여기서 말하는 집은 '인간의 몸, 육체'

를 비유적으로 표현한 말입니다.

그런데 그 몸을 장막으로 표현하고 있습니다. 장막이란 텐트(tent)를 의미하는데 영원하지 않고 임시적인 구조물을 의미하는 은유입니다. 또한, 이 장막이란 이스라엘 백성들의 광야 생활과도 연관됩니다.

약속의 땅에 들어가기 전에 임시로 머물렀던 장소였던 장막은 약속의 땅에서의 영원한 거주와 대조적인 개념입니다. 그런데 그 장막 집이 "무너진다"라고 말하고 있습니다. 무너지다는 말은 간단하게 말하면 '천막을 걷다'라는 의미입니다. 원어적 의미는 '파괴하다, 부수다, 폐지하다, 분해하다'라는 뜻입니다.

천막을 걷는 이의 손에 의해 파괴되고 폐지되고 해체되는 것이 죽음입니다. 마치 낡은 천막이 해체되듯 우리의 육신도 늙고 병들어 노쇠해지면 죽음으로써 썩어져 흙으로 돌아갈 육신과 영혼이 해체되는 것입니다.

사람의 사후 상태

웨스트민스터 신앙고백(제32장)은 '사람의 사후 상태'에 대해 이렇게 소개합니다.

> 사람의 육체는 죽은 후에 티끌로 돌아가서 썩게 됩니다. 그러나 영혼은 죽지 않고 하나님께로 돌아갑니다. 의로운

자의 영혼은 완전히 거룩하게 되어 가장 높은 하늘로 올라가고 거기서 빛과 영광 가운데서 하나님의 얼굴을 보고 그들의 육신이 완전히 구속되기를 기다립니다. 그리고 그 몸의 구속과 부활이 그리스도의 재림 때에 일어나게 됩니다.

세계관의 문제: 49재, 명복, 삼우제, 제사(밥)

그러나 사람들은 죽음 이후에 대한 잘못된 세계관의 영향으로 더 큰 두려움과 불안을 안고 살아가게 됩니다. 죽음 이후에 자기의 삶이 어떻게 되는가에 대한 불안과 두려움이 죽은 후 49재를 드리며 죽은 자의 명복을 빌게 됩니다.

"삼가 고인의 명복을 빈다"라는 말은 '돌아가신 분이 저승에서 복을 받기를 바란다'라는 뜻입니다. 죽은 자에게 저승에서 복을 받기 바란다는 것과 49재 모두 불교의 윤회 세계관에서 비롯된 생각입니다. 불교에서는 죽음과 다음 생 사이에 중간상태가 존재한다고 믿습니다.

그리고 49일 후에 다음 생을 위한 환생을 결정하는 최후 심판이 이루어진다고 믿는 믿음에서 49재(齋;재계할 재)를 후손들이 지내면서 죽은 자의 운명에 도움을 주려고 합니다. 기독교인들이 49재를 지키고 있다면 환생을 믿는다는 이야기가 됩니다.

또한, 장례 후에 어떤 이들은 삼우제(三虞祭)를 지냅니다. '우'(虞)라는 단어가 '염려하다'라는 의미가 있는 말인데 고인을 염려하고 위로하는 제사를 말하고, 발인 후 3일째가 되는 날 산소에 가서 드리는 제사를 말합니다. 고인이 돌아가시고 저승에 갈 때 방황하지 않고 편안하게 갈 수 있도록 하는 제사입니다. 죽음 이후의 삶을 제대로 알지 못하고 기존의 세계관에 묶인 자들의 삶이 이런 일을 조장하는 것입니다.

또 어떤 이들은 죽은 후에 영혼이 떠돌다가 제삿밥을 얻어먹게 된다고 믿는 자들도 있습니다. 이것은 유교의 영향으로 죽은 자의 영혼이 후손들과 연결되어 조상의 영혼이 후손의 삶에 영향을 미친다고 생각하는 것입니다. 또한, 유물론이나 무신론의 영향으로 죽음을 완전한 종말로 인지하여 죽음 이후의 삶을 부정하기도 합니다.

이러다 보니 한국 사회에서 살아가는 믿는 자들도 그러한 세계관 속에 갇혀 죽음 이후에 대해 불안감과 두려움 때문에 잘못된 행동을 하게 됩니다.

그러므로 믿는 자들의 이후의 삶에 대해 성경이 말하는 것을 통해 기독교 세계관 안에서의 죽음 이후에 관한 생각을 정리해야 합니다. 그래야 죽음에 대한 불안과 두려움을 이겨 내고 천국 소망을 품고 살아갈 수 있습니다.

믿는 자들의 죽음 이후는 벗은 몸이 아니라 입은 몸이 된다는 것을 기억해야 합니다

죽음 이후 우리의 몸은 티끌로 돌아가고 썩어지게 되고 영혼만 하나님께로 돌아가게 됩니다.

그렇다면 죽음 이후 우리의 모습은 몸은 없고 영혼만 있는 모습일까요?

사도 바울도 그러한 고민이 있었습니다. 그래서 본문 3절에서 다음과 같이 말합니다.

> 우리가 벗은 자들로 발견되지 않으려 함이라(고후 5:3).

여기서 말하는 벗은 자란 '몸이 없는 모습'을 표현하는 것입니다. 그 당시 고린도 교회 안에는 헬라 문화와 영지주의 이단의 영향으로 몸과 영혼을 이원론적으로 바라보고 있었습니다. 영혼은 선하고 육체는 악한 것으로 생각했고, 죽음을 악한 몸의 감옥을 탈출하는 것으로 이해했습니다.

그러나 바울은 말씀이 육신이 되어 이 땅에 오신 예수 그리스도의 육체 부활이 그리스도의 초월성을 드러낸다고 믿었고 그래서 육체적 부활을 믿음의 중심에 두었습니다(고전 15:14). 그는 죽은 이후 우리의 모습이 몸이 없는 모습으로 존재하는 것이 아니라 하나님께서 그 뜻대로 죽은 자에게 형체를 주신다(고전 15:38)고 말합니다.

하나님께서 준비하신 부활의 몸

본문 1절도 "하나님께서 지으신 집"이 있다고 하는데 여기서 말하는 집은 하늘나라가 아니라 '우리가 입을 하늘의 몸'을 의미합니다.

그런데 그 몸은 하나님께서 지으셨고, 하나님께서 준비하셨습니다. 그리고 "손으로 지은 것이 아니요"라는 말은 인간의 능력에 속하지 않은 하나님의 창조를 의미하는데, 이는 마가복음 14장 58절 말씀처럼 '예수님 자신의 부활'을 말씀하신 것입니다.

> 손으로 지은 이 성전을 내가 헐고 손으로 짓지 아니한 다른 성전을 사흘 동안에 지으리라(막 14:58).

그렇다면 손으로 지은 것이 아니라는 말은 하나님께서 준비하신 부활의 몸을 입게 된다는 것을 의미합니다.

또한, 고린도전서 15장 44절에서는 우리의 부활을 말하면서 다음과 같이 말합니다.

> 육의 몸으로 심고 신령한 몸으로 다시 살아나나니 육의 몸이 있은즉 또 영의 몸도 있느니라(고전 15:44).

다시 말해, 죽음 이후 믿는 자들이 입게 되는 몸은 하나님께서 준비하신 부활의 몸 그리고 신령한 몸 그리고 영의 몸을 입게 됩니다. 그리고 주님의 재림 이후에 우리의 본래의 몸이 구속되고 부활하게 되어 영혼과 육신이 다시 하나가 되어 온전한 구원으로 영생을 누리게 됩니다.

물론, 그 몸은 우리가 이전에 알던 몸과는 질적으로 완전히 다른 모습이 되어 영원으로 나가게 됩니다. 본문 2절과 4절에서 말하는 "덧입는다"라는 개념도 그리스도의 재림 때에 나타날 모습을 소개하는 것입니다. 이것이 가능한 이유가 4절에서 말하는 것처럼 죽을 것이 인간이 가진 몸이라면 그것이 생명 즉 하나님께서 주시는 생명의 몸에 삼킨 바가 되었기 때문입니다.

생명이 죽음에 삼킨 바가 된 것이 아니라 죽을 것이 생명에 삼킨 바 된 것이 바로 우리가 죽음 후에 경험하게 되는 부활의 몸을 입게 되는 상태입니다.

성령의 보증

그러므로 죽음 이후에 대한 두려움과 불안을 내려놓고 하나님께서 우리를 위해 준비하신 몸과 그리고 처소가 있다는 사실을 기억해야 합니다. 5절은 하나님께서는 우리에게 이러한 것을 이루실 것을 성령을 통해 보증하십니다. 성령의 보증은 하나님의 약속이 절대 변하지 않는다는 것을 보여 주시는 약속입니다. 그렇기에 우리 믿는 자들은 죽음 후에 주어질 영광스러운 부활의 몸에 대한 보증을 받은 자라는 사실을 기억하고 항상 담대함으로 살아가야 합니다.

믿는 자들의 죽음 이후 주님과 함께 있게 된다는 것을 기억해야 합니다

믿는 자들의 죽음 이후 주어지는 가장 놀라운 특권과 은혜는 '주님과 함께 있게 된다는 것'입니다. 그러나 6절 말씀처럼 우리가 "몸으로 있을 때에는 주와 따로 있는 줄을 아노니" 여기서 말하는 "몸으로 있을 때"란 우리가 살아 있을 때를 의미하고 "따로"라는 단어가 분리의 개념을 나타내기에 주님으로부터 분리되어 멀리 떠나 있음을 의미합니다. 그러나 우리는 7절 말씀처럼 믿음으로 행하는 삶으로 주님과 연결되는 삶을 살아가야 합니다.

그러나 "몸으로 있을 때"라는 말에서도 나타나듯이 육체로 살아갈 때는 분명한 한계를 가지게 됩니다. 육체를 가지고 살아가는 우리가 주님을 실제로 보지 못하고 또한 실제로 주님과 함께 살아가지 못합니다.

그러다 보니 우리의 믿음이 흔들리거나 혹은 눈에 보는 어떤 것을 따라 행하다 보면 잘못된 길로 나가거나 주님을 잊어버리는 삶을 살아가기도 합니다. 예수님을 믿고 살아가지만 늘 육체적이고 인간적인 한계를 가지고 사는 것이 우리의 현실입니다.

천국 소망

그렇기에 바울은 담대하게 자신의 소망을 말합니다. 8절 "비록 몸을 떠나는 죽음을 맞이할지라도 주님과 함께 있는 이것을 원한다"는 것입니다. 강조점은 죽는 것이 아니라 "주님과 함께 있는 것"에 있습니다. 주님과의 '관계성' 그리고 주님과의 '연결성'을 강조하는 말입니다. 비록 세상에서 몸으로 살아갈 때는 경험하지 못하는 주님과 함께 있는 삶이 죽음을 통해 주어지기에 그는 주님과 함께 있는 천국 소망을 품게 됩니다.

그가 죽음을 담대하게 받아들일 수 있는 것은 죽음 이후에 주어지는 주와 함께 있는 천국 소망 때문입니다. 우리의 삶도 죽음 이후에 주님과 함께 있게 되는 천국 소망을 꿈꾸는 삶이 되어야 합니다.

그리고 그 천국 소망이 오늘 우리가 살아가는 삶의 자리에서도 나타나야 합니다. 믿는 자들의 죽음 이후 우리는 반드시 주님과 함께 있게 됩니다. 이것이 믿는 자들의 간절한 천국 소망입니다.

그러나 그때를 기다리는 믿음의 성도는 지금 우리가 살아가는 세상에서 주님과 함께하는 믿음으로 지금 우리의 삶도 천국을 맛보아야 합니다. 분명히 주님께서 말씀하시기를 주님이 우리 안에 그리고 우리가 주님 안에 거하시는 삶을 약속하셨고 우리는 믿음으로 그 삶을 살아갈 수 있습니다.

그렇다면 우리는 이 땅에서도 주님과 함께하는 천국의 삶을 미리 맛볼 수 있게 됩니다. 주님과의 온전한 연합 그리고 주님을 향한 믿음이 우리가 그토록 소원하는 천국 소망을 이루어 낼 수 있습니다. 그러므로 이제 매일의 삶이 〈내 영혼이 은총 입어〉 찬송의 마지막 부분에 나오는 가사처럼 "주 예수와 동행하니 그 어디나 하늘나라"가 될 수 있습니다.

믿는 자들의 죽음 이후 차등 상급이 있다는 것을 기억해야 합니다

차등 상급이라는 말이 조금 논쟁이 있을 수 있습니다. 아마도 어떤 분들은 천국에서도 차등 상급이 있느냐며 거부감을 드러내실 수도 있습니다. 왜냐하면, 은혜로 구원받는데 천국에서까지 차등 상급이 있다는 것을 받아들일 수 없기 때문입니다. 구원은 은혜로 받는 것이 분명히 맞습니다. 그러나 차등 상급은 인간의 자유의지와 책임에 대한 하나님의 공의라는 측면에서 바라보는 관점입니다.

마태복음 5장 12절도 "하늘에서 너희 **상**이 큼이라"고 말합니다. 그리고 고린도전서 9장 24절 "너희도 **상**을 받도록 달음질하라"고 말씀합니다.

히브리서 11장은 "그가 자기를 찾는 자들에게 **상** 주시는 이"(6절)라고 말합니다. 또한, 모세는 "**상** 주심을 바라보고 그리스도를 위해 받는 능욕을 애굽의 모든 보화보다 더 큰 재물로 여겼다"(26절)고 말합니다.

요한계시록 22장 12절에도 "보라 내가 속히 오리니 내가 줄 상이 내게 있어 각 사람에게 그가 행한 대로 갚아 주리라"고 말합니다.

성경에서 말하는 상급의 의미

그렇다고 성경에서 말하는 상급이 세상의 방식처럼 서로 경쟁하고 부정적이고 악한 방법을 통해 결과를 만들어 내는 것은 아닙니다. 천국 상급을 물질적이고 세속적인 관점으로 이해를 해서는 안 되고 신령한 것으로 해석해야 합니다. 예를 들어, 성도가 받을 상급에 대해 성경은 다양한 상급을 말합니다. '보물, 유업(기업), 칭찬, 잔치에 참여함, 천국을 다스리는 권세, 영광의 차이, 존귀'와 같은 많은 것이 있습니다.

그중에 우리가 알 만한 것 가운데 하나로 '면류관'이 있습니다. 땅에서도 면류관은 승리한 자에게 주어지는 상급인데 하늘에서도 그러한 면류관이 주어집니다. 성경에는 여러 가지 면류관을 소개합니다.

첫째, 고난과 시험 가운데서도 인내하고 또한 믿음을 지키고 죽도록 충성한 자에게 주시는 하나님의 선물로서 "생명의 면류관"(약 1:12; 계 2:10)이 있습니다.

둘째, "썩지 않을 면류관"(고전 9:25)도 있습니다. 이것은 믿음으로 이기기 위해 스스로 모든 일에 절제하며 살아가는 자들에게 주시는 면류관입니다.

셋째, "영광의 면류관"(벧전 5:3-4)도 있습니다. 이 면류관은 목자의 역할을 잘 감당하고 양무리의 본이 된 자에게 주시는 면류관입니다.

넷째, "의의 면류관"(딤후 4:7-8)이 있습니다. 이 면류관은 믿음의 선한 싸움을 싸우고 또한 주어진 사명의 길을 끝까지 걸어 간 자에게 주시는 면류관입니다.

다섯째, "기쁨과 자랑의 면류관"(살전 2:19-20)이 있습니다. 영적으로 승리하는 그리스도인에게 주어지는 면류관입니다. 개인 또는 공적인 복음 전도를 통해 구령의 승리자에게 주어지게 됩니다.

그런데 이러한 면류관을 주시는 목적은 천국에서 우쭐대고 과시하라고 주신 것이 아닙니다. 면류관의 상급은 우리가 하나님의 보좌 앞에서 경배와 찬양을 드리기 위한 것인데 내게 주신 가장 귀한 은혜로 하나님께 나가는 특권입니다.

> 이십사 장로들이 보좌에 앉으신 이 앞에 엎드려 세세토록 살아 계시는 이에게 경배하고 자기의 관을 보좌 앞에 드리며 이르되 우리 주 하나님이여 영광과 존귀와 권능을 받으시는 것이 합당하오니 주께서

> 만물을 지으신지라 만물이 주의 뜻대로 있었고 또 지으심을 받았나이다 하더라(계 4:10-11).

그러므로 믿음의 길을 걸어가며 믿음의 행동과 수고를 한 자에게 주시는 하나님의 상급을 통해 우리는 다시 하나님께 영광을 돌릴 수 있는 은혜를 경험하게 되는 것입니다.

심판 앞에 서야 하는 우리

> 이는 우리가 다 반드시 그리스도의 심판대 앞에 나타나게 되어 각각 선악간에 그 몸으로 행한 것을 따라 받으려 함이라(고후 5:10).

"우리는 다"라는 말은 예외가 없다는 것을 말하고, 믿는 자들도 이러한 그리스도의 심판대 앞에 서야 함을 말합니다. 각각 선악 간에 그 몸으로 행한 것을 따라 심판을 받게 됩니다.

그런데 우리가 가지고 있는 의문은 믿는 자들은 심판에 이르지 않는다고 배웠고 또한 로마서 8장 1절 말씀을 알고 있습니다.

> 그러므로 이제 그리스도 예수 안에 있는 자에게는 결코 정죄함이 없나니(롬 8:1).

그런데 왜 갑자기 그리스도의 심판대 앞에 나가게 된다고 말하고 있을까요?

여기서 말하는 그리스도의 심판대는 아마도 주님의 재림 이후에 주어지는 것인데 천국과 지옥의 심판이 아니라 믿는 자들에게 주어지는 '상급의 심판'으로 이해하면 됩니다. 이 상급의 심판은 그리스도를 위해 그리고 믿음으로 참고 인내하고 충성하며 살았던 삶에 대한 보상을 의미합니다. 이러한 심판을 하시는 이유는 자신의 자비에 관한 영광을 나타내시고 또한 하나님의 의를 나타내시기 위함입니다.

주를 기쁘시게 하는 삶

그러므로 말씀의 결론은 본문 9절입니다. "몸으로 있든지 떠나든지 주를 기쁘시게 하는 자가 되는 것"입니다. 믿는 우리는 죽음 이후에 주어지는 삶에 대한 소망이 있습니다. 그러나 아직은 우리에게 몸으로 살아가는 시간이 주어져 있습니다. 우리에게 보증으로 주신 죽음 이후의 부활의 삶에 대해 소망을 가지면서 우리는 현재 주어진 삶의 자리에서 하나님 앞에 서야 하는 때를 준비해야 합니다. 그것이 바로 주를 기쁘시게 하는 자가 되는 것입니다.

하나님을 기쁘시게 하는 방법에 대해 성경은 여러 가지로 소개합니다.

첫째, 믿음이 없이는 하나님을 기쁘시게 못합니다(히 11:5-6).

둘째, 선을 행하는 것과 나눠주는 구제(히 13:16)를 하나님께서 기뻐하십니다.

셋째, 로마서 12장에서는 영적 예배자가 되는 것 즉 우리 몸을 하나님께서 기뻐하시는 거룩한 산 제물로 드리는 삶을 요구하십니다.

넷째, 데살로니가전서는 복음 전파의 책임을 감당하는 것(살전 2:4)이 하나님을 기쁘시게 하는 방법이라고 말합니다.

다섯째, 요한일서는 말씀을 지키는 것(요일 3:22)이 하나님을 기쁘시게 한다고 말합니다.

정리하면 믿음의 사람, 선을 행하고 구제하는 자, 영적 예배자, 복음 전도자, 그리고 말씀을 지키는 자가 되는 것이 주를 기쁘시게 하는 방법이라는 것을 알게 됩니다.

죽음 이후 우리는 하나님께서 준비하신 몸을 입고 주님과 함께 천국에 머물게 될 것입니다. 또한, 우리가 행한 대로 상급도 주어질 것입니다. 그러므로 죽음을 두려워하지 말고 죽음 이후에 주어질 천국의 영광을 준비하며 기다리며 주를 기쁘시게 하는 자로 살아가야 합니다.

지금 당장 주님을 기쁘시게 하는 자가 되려면 무엇을 해야 할까요?

제2부
제2장 죽음 이후 믿는 자를 위한 삶이 시작된다
[고린도후서 5:1-10]

마음 열기

Q) 당신은 어떤 세계관을 따라 살아가고 있습니까?

세상(불교, 유교)의 세계관을 따라 살아가고 있습니까?

아니면 기독교 세계관을 따라 살고 있습니까?

특히, 죽은 자를 위해 하는 행동이나 말 가운데 세상의 세계관에 근거한 것은 없습니까?

본문 연구

1) 땅에 있는 집이 무너지면 우리에게 어떤 일이 일어나게 될까요?

(고후 5:1-2)

2) 몸으로 있을 때와 몸을 떠나있을 때의 중요한 차이는 무엇입니까?

(고후 5:6,8)

3) 모든 사람이 반드시 서야 하는 그리스도의 심판대에서 어떤 일이 일어날까요?(고후 5:10)

말씀 거울

Q) 말씀이라는 거울 앞에 드러난 나의 모습을 찾아보십시오.

나는 어떤 사람이었습니까? (~인 나)

왜 그러한 모습으로 살아왔습니까?

나눔과 적용

1) 만약 당신이 그리스도의 심판대 앞에 서게 될 때 어떤 칭찬과 상급을 받으리라고 생각하십니까?

   혹시라도 상급에 대한 확신이 없는 이유는 무엇 때문입니까?

   주님과 함께하는 천국을 맛보는 삶을 살아가야 하지만 주님과 함께 있는 삶이 잘 경험되지 못하는 이유가 무엇이라고 생각합니까?

2) 죽음에 대한 공포와 두려움을 이겨 내려면 어떻게 해야 할까요?

   이 땅에서 주님과 함께하는 천국 소망을 맛보는 삶을 살려면 어떻게 해야 할까요?

   그리고 그리스도의 심판대 앞에서 상급(면류관)을 받는 삶을 위해 어떻게 해야 할까요?

3) 죽음 이후 당신의 모습을 상상해 보십시오.

   천국에 대한 확실한 소망이 있습니까?

   주님 앞에 서기까지 주를 기쁘시게 하는 삶의 흔적을 만들어 가려면 당신은 지금부터 어떤 것에 집중해야 할까요? (믿음, 선을 행하고 나눠주는 것, 영적 예배, 복음 전파, 말씀을 지키는 것)

제3장

크리스천을 위한 특급서비스

[요한계시록 21:1-4] [1] 또 내가 새 하늘과 새 땅을 보니 처음 하늘과 처음 땅이 없어졌고 바다도 다시 있지 않더라 [2] 또 내가 보매 거룩한 성 새 예루살렘이 하나님께로부터 하늘에서 내려오니 그 준비한 것이 신부가 남편을 위하여 단장한 것 같더라 [3] 내가 들으니 보좌에서 큰 음성이 나서 이르되 보라 하나님의 장막이 사람들과 함께 있으매 하나님이 그들과 함께 계시리니 그들은 하나님의 백성이 되고 하나님은 친히 그들과 함께 계셔서 [4] 모든 눈물을 그 눈에서 닦아 주시니 다시는 사망이 없고 애통하는 것이나 곡하는 것이나 아픈 것이 다시 있지 아니하리니 처음 것들이 다 지나갔음이러라

가끔 인터넷이나 신문을 보다 보면 '아파트 특별 분양 공고' 같은 것을 볼 때가 있습니다. 저는 해당 사항도 없고 별로 관심도 없었기에 지나쳤는데 어느 날 이발을 하러 갔다가 신문 간지로 들어 있던 아파트 특별 분양 할인 공고를 보게 되었습니다. 아마도 미분양 아파트인 것으로 기억되는데 추가적인 특별 혜택이 있었습니다. 인테리어 가구 및

가전제품을 무상으로 제공하고, 발코니 확장을 무료로 해주고 또한 현금 지원도 해 줍니다. 그리고 실입주금도 적고 역세권이고 주변 주거환경도 좋다는 광고였습니다.

저 같은 경우는 그냥 보고 지나쳤지만 어떤 사람들에게는 기다렸던 분양 광고였을 수도 있습니다. 그러나 관심이 있어도 조건이 맞지 않으면 신청하지 않을 것이고 또한 관심이 있어도 현재 자신이 사는 곳보다 더 나은 장점이 없다고 생각하면 지나치고 말 것입니다.

그런데 만약 천국 특별 분양 공고가 뜬다면 사람들의 반응은 어떨까요?

아마도 어떤 이들은 설렘과 기대로 특별 분양 신청을 기다리고 준비하는 사람도 있을 것입니다. 그러나 어떤 이들은 별 관심 없이 지나치는 사람들도 있을 것입니다. 어떤 이들은 관심을 가지지만 자신이 원하는 조건이 충족되지 않으면 지나치거나 혹은 천국이 지금 사는 세상보다 못하다고 생각한다면 관심을 가지지 않을 것입니다.

당신은 어떠하십니까?

천국 분양 자격 조건

아파트 분양도 청약 1순위, 2순위의 자격 조건이 있는 것처럼 천국 특별 분양에도 자격 조건이 있습니다. 아무에게나 기회가 주어지지 않습니다. 천국 특별 분양은 하나님께서 미리 선택하신 자 중에 믿음으로 예수 그리스도를 구주로 영접한 자에게 자격이 주어집니다. 믿는 순간 분양권이 주어지고, 천국 입주의 때를 기다리게 되는 것입니다.

천국의 분양 가격

그런데 뭐니뭐니 해도 우리에게 관심이 있는 것은 가격입니다.

만약 천국 특별 분양이 일어난다면 여러분들은 천국의 가격이 얼마 정도라고 예상하십니까?

마태복음 13장은 보화 비유와 진주 비유를 통해 천국 특별 분양 가격을 소개합니다. 어떤 사람이 밭에 감춘 보화를 발견합니다. 그리고 기뻐하며 돌아가서 자신의 소유를 다 팔아 그 밭을 사게 됩니다. 극히 값진 진주 하나를 발견한 사람도 마찬가지입니다. 자기의 소유를 다 팔아 그 진주를 삽니다. 중요한 핵심은 천국의 가격은 '물질적 가치'에 있는 것이 아니라, 자신의 모든 것을 다 팔아 사야 하는 '모든 가치'에 있습니다.

전부의 가치

이용규 선교사의 『내려놓음』이라는 책을 보면 이런 이야기가 하나가 나옵니다. 어떤 사람이 꿈을 꾸었는데, 하나님께서 그에게 굉장히 귀한 진주를 보여 주십니다. 그것은 세상에서 쉽게 구할 수 없는 아주 귀하고 값진 것이었습니다. 그러자 그 사람이 말합니다.

"하나님, 이 진주 사고 싶습니다. 얼마입니까?"

"글쎄"

하나님께서 말씀하셨습니다.

"값이 아주 비싸단다."

"얼마입니까?"

"아주 비싸."

"그러면 제가 살 수는 있는 건가요?"

"아, 물론이지. 누구나 살 수 있지."

"도대체 얼마인데요?"

그러자 하나님께서 말씀하십니다.

"자네가 가진 것 전부일세."

잠시 고민하던 이 사람은 "좋습니다. 제가 가진 것 다 드리지요." 그 사람은 그 진주가 너무나 갖고 싶어서 자신의 모든 것을 드리겠다고 약속했습니다.

"그래? 자네가 가진 것이 무엇인지, 여기에 한 번 써 보기로 하지."

"예, 저는 은행에 천만 원 잔고가 있습니다."

"천만 원이라? 좋아. 또 무엇이 있나?"

"그게 전부예요. 제가 가진 돈은 그게 전부예요."

"더 가진 것이 하나도 없다고?"

"제 주머니에 몇 만 원은 있지요."

"그게 얼마이지?"

그 사람은 자기 주머니에서 돈을 다 꺼내 놓았습니다.

"5만 원, 6만 원, 7만 원, 8만 원, 8만 천 원, 2천 원, 3천 원이네요. 8만 3천 원입니다."

"좋아. 그 다음에 또 가지고 있는 것이 무엇이지?"

"없지요. 그게 전부라니까요?"

"살기는 어디에 사는가?"

"아파트에 살지요. 예. 아파트가 하나 있지요."

"그러면, 그 아파트도 여기 적어야지."

"그러면, 난 어디에 살지? 차에서 자는 수밖에 없네요."

"차가 있어?"

"두 대 있지요."

"좋아. 그 차 두 대도 내 것이 되네. 또 무엇이 있나?"

"아니, 저의 돈, 아파트, 차들까지 다 가져샀는데, 디 무얼 원하세요?"

"자네는 가족도 없나?"

"아내하고 아이 둘이 있지요."

"그래. 자네 아내와 아이들 둘도 여기 적어야지."

"그러면, 저는 정말 아무것도 가진 것이 없네요. 나 혼자만 남았어요."

그러자 하나님께서는 소리를 치셨습니다.

"맞아. 내가 잊을 뻔했군. 자네를 잊을 뻔했어. 모든 것이 내 것이 되어야 하네. 아내, 아이들, 집, 돈, 차 그리고 자네까지 말이야."

그리고 하나님께서 말씀하셨습니다.

"자 잘 듣게. 내가 이 모든 것을 자네가 사용하도록 당분간 빌려주겠네. 그러나 이 모든 것이 다 내 것이라는 것을 잊지 말게나. 자네까지 내 것일세. 내가 필요할 때는 언제든지 포기해야 하네. 왜냐하면, 이제부터는 내가 자네의 주인이니까 말이네."

천국을 사는 그리스도인의 삶이 바로 이런 것입니다. 나의 모든 것을 내려놓고 주인을 바꾸어야 천국 즉 하나님의 나라를 얻게 됩니다. 그렇다면 지금 우리에게 주어진 모든 것들은 하나님께서 천국에 이르기 전까지 빌려주신 것입니다. 그러기에 하나님께서 돌려 달라고 하실 때 믿음으로 내려놓는 순종이 필요합니다. 그런 의미에서 우리의 삶에 일어나는 모든 상실도 순종의 영역입니다. 심지어 우리의 죽음도 하나님께 순종해야 할 영역입니다.

천국과 하나님의 나라

성경은 천국에 대해 다양한 이야기를 소개합니다. 천국은 신약성경의 중심 주제이고 예수님의 처음 설교도 "회개하라 천국이 가까이 왔느니라"에서 출발합니다. 그런데 자세히 보면 마태복음에서는 '천국'이라는 용어를 사용하고, 마가나 누가복음에서는 천국 대신 '하나님 나라'로 사용되는 것을 보게 됩니다.

천국(天國)은 하늘나라를 의미하는 한자어이고 유대인들을 위한 복음서인 마태복음은 하나님이라는 단어 대신 하늘이라는 단어를 사용합니다. 그래도 유대인들은 그 하늘이라는 단어가 하나님이라는 것을 압니다. 그러나 이방들을 위한 복음서인 누가복음에서는 명확하게 '하나님의 나라'라고 표현합니다. 궁극적으로 하나님의 나라와 천국은 동일한 개념을 나타내는 말입니다.

상태에서 장소로

이 땅을 살아가는 믿음의 사람들은 하나님의 통치와 다스림의 상태 즉 내 안에 임한 하나님 나라의 상태로 살아갑니다. 그러다 죽음을 통해 하나님의 완전한 통치와 다스림의 장소인 하나님의 나라로 이동하게 됩니다. 오늘 제가 주목하려고 하는 것은 '공간으로서의 천국'에 대한 것입니다.

> 또 내가 새 하늘과 새 땅을 보니 처음 하늘과 처음 땅이 없어졌고 바다도 다시 있지 않더라(계 21:1).

하나님께서는 요한계시록 21장에서 새로운 창조를 보여 주시는데 그것이 바로 새 하늘과 새 땅입니다. 이 새 하늘과 새 땅에는 처음 하늘과 처음 땅이 없어졌고 바다도 다시 있지 않습니다. 처음의 하늘과 땅과 바다가 사라진 이유는 그곳들이 죄로 인해 오염되었기 때문입니다. 바다는 요한계시록 13장 1절에 나오는 첫째 짐승이 올라온 악의 근원지이고, 땅은 13장 11절에 나오는 둘째 짐승이 올라온 장소입니다.

어떤 의미에서 하늘과 땅과 바다는 모두 사탄과 두 짐승에 의해 철저하게 오염되었던 장소라고 볼 수 있습니다. 그런 의미에서 하늘과 땅과 바다가 없어졌다는 말은 하나님의 심판으로 사탄의 세력이 사라졌고 하나님의 위대한 승리가 주어졌음을 보여 줍니다.

하나님께서 준비하신 천국

그런데 이 부분이 창세기 1장의 하나님의 천지창조의 한 장면과 중복됩니다. 그것은 창세기 1장 2절의 땅이 혼돈하고 공허하고 흑암이 깊음 위에 있는 모습입니다. 혼돈과 공허, 흑암으로 가득한 세상에 하나님의 창조로 새로운 모습으로 바뀌는 일이 일어나게 되었는데 마찬가지로 가장 마지막 성경인 요한계시록에서 마지막 때에 새로운 창조를 시작하십니다.

그것이 바로 "새하늘과 새 땅"입니다. 혼돈과 공허와 흑암이 사라지고 새롭게 시작된 세상처럼 땅과 하늘과 바다가 없어지고 새롭게 시작된 것이 바로 "새 하늘과 새 땅"입니다.

2절 거룩한 성 새 예루살렘이 하나님께로부터 하늘에서 내려옵니다. 다시 말해, 하나님께서 성도들이 머물 '공간으로서의 천국'을 준비하신 것입니다. 히브리서 11장 16절에도 "믿음을 따라 살다 죽은 자들이 더 나은 본향을 사모하고 돌아가게 되면 하나님께서 그들을 위하여 한 성을 예비하셨느니라"고 말씀하십니다. 그 성이 바로 새 예루살렘성입니다.

물론, 어떤 학자들은 이 새 예루살렘을 '교회' 혹은 '그리스도의 신부'라고 해석하는 분들도 있지만 저는 이 거룩한 성 새 예루살렘을 '공간'적인 부분으로 해석하는 것이 낫다고 생각합니다. 11절 이하에 이 성에 대한 공간적인 묘사가 이어집니다. 크고 높은 성곽이 있고(12절), 성곽의 기초석은 각종 보석으로 꾸며졌고(19절), 열두 진주 문으로 되어 있고 성의 길은 정금으로 되어 있고(21절), 그곳에 수정 같이 맑은 생명수의 강이 있다(계 22:1)고 말합니다. 천국에 대한 공간 혹은 장소의 설명입니다.

우리는 죽음 이후 몸과 영혼이 분리된 자들의 영혼이 하나님께로 돌아가면 벗은 자로 발견되지 않고 하나님께서 준비하신 부활의 몸을 입게 됩니다. 마찬가지로 하나님께서 준비하신 또 하나의 선물이 주어지는데 그곳이 바로 우리가 거주할 곳으로서의 '천국이라는 장소'입니다.

하나님께서 미리 분양하신 천국이 믿는 자들에게 어떤 곳인가를 요한계시록은 우리에게 분명하게 보여줍니다. 적어도 천국 특별 분양권을 구매한 성도라면 우리가 곧 입주하게 될 천국이 어떤 곳인가를 알아야 합니다. 그것도 하나님께서 우리를 위해 준비하신 영원한 천국에서 주어지는 세 가지 서비스를 기억하고 천국 소망을 가져야 합니다.

천국 특별 분양 필수 서비스: 함께하심 서비스

우리가 천국에서 경험하게 되는 가장 놀라운 일은 하나님께서 '우리와 함께하신다'라는 것입니다.

> 내가 들으니 보좌에서 큰 음성이 나서 이르되 보라 하나님의 장막이 사람들과 함께 있으매 하나님이 그들과 함께 계시리니 그들은 하나님의 백성이 되고 하나님은 친히 그들과 함께 계셔서(계 21:3).

3절에서 "함께"라는 단어가 세 번이나 반복해서 사용됩니다. 하나님의 장막이 사람들과 함께 있고, 하나님께서 그들과 함께 계시고, 그리고 하나님께서는 친히 그들과 함께 계신다고 말씀하십니다. 천국의 특별서비스는 바로 하나님과 직접적으로 함께하게 되는 곳입니다.

하나님의 함께하심이 인간이 누릴 수 있는 최고의 축복입니다. 천국이 천국이 되는 이유는 아름답거나 풍요로운 곳이기 때문이 아니라 하나님과 완전한 교제와 영원한 동행이 이루어지는 곳이기 때문입니다.

간접적 함께하심 서비스

하나님의 함께하심이 왜 우리에게 주어진 최고의 복인가를 성경은 곳곳에서 설명하고 있습니다. 구약성경을 보면 하나님의 함께하심이 한 개인의 인생과 그리고 이스라엘 공동체의 미래를 어떻게 바꾸었는가를 분명하게 보여줍니다.

첫째, 창세기 26장에 나오는 이삭은 흉년으로 그가 가게 되었던 그랄 땅에서 하나님께서 함께하셔서 거부가 됩니다. 그러나 곧 블레셋 사람들과의 갈등으로 인해 자신의 우물을 빼앗기는 위기를 맞이하게 됩니다. 그러나 하나님께서 그와 함께하시자 그가 우물을 팔 때마다 우물이 터지는 기적을 경험하게 됩니다. 그리고 24절 브엘세바에서 "내가 너와 함께 있어 네게 복을 주어 네 자손이 번성하게 하리라"라고 말씀하십니다. 함께하시니까 복을 받고 번성하게 되고 손을 대는 곳마다 우물이 터져 나오는 은혜를 경험하게 됩니다.

둘째, 또한 출애굽기 3장 12절 모세를 부르신 하나님께서 "내가 반드시 너와 함께 있으리라"라고 말씀하시면서 그를 애굽 왕 바로에 보내셔서 열 가지 재앙으로 바로를 무너뜨리십니다. 또한, 출애굽한 이스라엘 백성들을 광야에서 하늘에서 만나와 바위에서 물을 내시면서 그들을 마침내 약속의 땅 가나안까지 이끌어 내십니다. 함께하신 하나님께서 도우시니까 거대한 바로가 무너지고 출애굽의 구원의 역사가 일어납니다. 모세는 아무것도 없는 죽은 땅, 광야에서 40년을 견디고 약속의 땅까지 이끄는 리더십을 드러내게 됩니다.

셋째, 소년 다윗은 하나님의 함께하심으로 거대한 골리앗과 싸움에 나가게 되고 물맷돌로 그를 죽이고 이스라엘 공동체에 승리를 가져오게 됩니다. 함께하심이 그와 그의 공동체에 승리가 되었습니다. 시편 23편에서 다윗은 고백합니다.

> 내가 사망의 음침한 골짜기로 다닐지라도 해를 두려워하지 않을 것은 주께서 나와 함께하심이라 … (시 23:4).

하나님께서 함께하시니까 그가 어떤 길을 걸어가도 그리고 누구 앞에 서도 두려워하지 않고 담대할 수 있었습니다. 그런데 이 모든 함께하심이 '직접'이 아닌 '간접'적인 함께하심으로 이루어진 일입니다.

대리 함께하심 서비스

그러다 신약 시대로 들어오면서 하나님께서는 이제 독생자 예수님을 이 땅에 보내어 우리로 새로운 함께하심의 삶을 경험하게 하십니다.

> 보라 처녀가 잉태하여 아들을 낳을 것이요 그의 이름을 임마누엘이라 하리라 하셨으니 이를 번역한즉 하나님이 우리와 함께 계시다 함이라 (마 1:23).

인간의 몸을 입고 오신 예수님을 통해 하나님의 함께 계심을 우리는 경험하게 됩니다. 놀라운 것은 하나님께서 함께하신 자들의 인생에 기적이 일어납니다. 죽은 자가 살아나고 앉은뱅이가 걷고, 소경이 눈을 뜨게 되고, 귀신과 어둠의 권세에 묶인 자들이 진정한 자유를 얻게 되고, 율법에 묶여 하나님의 참된 구원에 이르지 못하는 세상이 하나님의 구원과 하나님의 나라를 경험하게 됩니다. 그리고 하나님 나라의 복음을 통해 사람들이 천국을 꿈꾸게 하십니다.

함께하심 서비스: 완전한 만족

그런데 천국은 그 하나님의 함께하심이 간접적인 것도 아닌 아들 예수님을 통한 '대신 함께'하는 경험도 아닌, 하나님께서 '친히 우리와 함께하시는 곳'입니다.

천국만의 특별서비스는 '하나님의 함께하심'입니다. 이것만으로도 천국은 반드시 가야 할 곳입니다. 하나님의 함께하심은 더 이상 우리에게 어떤 것도 필요하지 않음을 보여줍니다. 세상의 욕망이 사라지고 완전한 만족이 주어지는 곳이 천국입니다.

시편 23편 1절 "여호와는 나의 목자시니 내게 부족함이 없으리로라"라는 말씀이 가장 완벽하게 구현되는 곳이 천국입니다. 땅에서 잠시 하나님과 함께하심을 믿음으로 느끼고 영으로 경험하는 것도 감격이고 놀라움인데, 천국은 하나님의 함께하심을 직접 경험하는 놀라운 곳입니다. 이것이 천국에서 주어지는 놀라움입니다.

맞춤 서비스: 위로 서비스

그런데 더 놀라운 서비스가 공급되는데 그것은 아마도 일대일로 주어지는 '하나님의 위로 서비스'입니다. 우리가 읽고 있는 요한계시록의 기록 목적은 고난 겪는 성도들을 위로하고 믿음으로 끝까지 견디는 신앙을 격려하기 위한 목적입니다. 요한계시록을 기록할 당시 교회는 박해 아래 있었고 성도들은 고통스러운 핍박을 받고 있었습니다. 배교의 유혹을 받았고, 생명의 위협 또한 받고 있었습니다. 그때 요한은 권면합니다. '하나님께서 준비하신 천국에서

하나님께서 너희를 위로하신다. 견뎌라. 죽더라도 믿음을 버리지 말라.'

> 그 모든 눈물을 그 눈에서 닦아 주시니 다시는 사망이 없고 애통하는 것이나 곡하는 것이나 아픈 것이 다시 있지 아니하리니 처음 것들이 다 지나갔음이러라(계 21:4).

눈물을 닦아 주신다는 것은 다음과 같은 뜻입니다.

첫째, 하나님께서 너의 고통과 눈물을 아신다는 인정과 기억의 의미입니다.
둘째, 눈물을 닦아주신다는 것은 더 이상 울지 않게 하시겠다는 회복과 치유에 대한 약속입니다.
셋째, 눈물을 닦아주신다는 것은 너는 실패자가 아닌 승리한 자라는 것을 분명하게 보여 주시는 상징입니다.

완전한 위로와 자유

놀라운 것은 하나님의 위로가 세상에서의 상처와 아픔이 더 이상 기억되지 않을 만큼의 완전한 위로가 됩니다. 과거의 기억이 더 이상 우리를 고통스럽게 만들지도 그리고 기억되지도 않는 완전한 자유가 주어집니다. 또한, 더 이상 눈물 흘릴 일도 없습니다. 왜냐하면, 완전한 하나님의 위로로 인해 완전한 회복과 치유가 일어났기 때문입니다.

세상에서 우리가 받는 위로와는 차원이 다릅니다. 세상에서 누군가에게 받았던 위로가 때로는 상처가 되기도 하고 또한 위로를 받았다고 상처와 고통이 사라지는 것도 아닙니다. 세상은 우리를 위로할 만한 곳도 아니고 또한 위로를 받는 곳도 아닌데 우리는 자주 세상에서 위로를 받으려고 하고 위로해 줄 사람을 찾습니다.

현실 도피로서의 천국

그렇다고 천국이 힘든 삶의 현실 도피의 장소가 되어서도 안 됩니다. 많은 사람들은 삶이 힘들어서 천국으로 가기를 원하기도 합니다. 그러나 천국은 삶이 힘들어서 도망치듯 가는 곳이 아닙니다. 또한, 삶을 자포자기하거나 무기력하게 살던 자들이 새로운 인생의 삶을 살기 위해 선택하는 곳도 천국은 아닙니다.

천국은 믿음을 지키기 위해 세상에서 따돌림을 당하고, 주를 위해 살아가다 비난을 당하고 미움을 당하고, 그리고 맡겨주신 사명을 감당하기 위해 매를 맞고 감옥에 던져지고 죽임당한 자들에게 주어지는 완벽한 위로가 임하는 곳입니다.

특별 서비스: 하나님의 영광

마지막으로 천국에서만 주어지는 특별서비스는 하나님의 영광 서비스입니다. 하나님의 영광이란 단순히 빛나는 광채나 화려함을 넘어, 하나님의 본질, 위엄, 거룩함, 능력이 나타난 것인데 특별히 하나님의 임재를 나타내는 포괄적인 표현입니다. 하나님의 영광은 이스라엘 백성들의 광야 여정에서 불 기둥과 구름 기둥으로 나타나기도 하고 또한 솔로몬의 성전 봉헌시에는 하늘에서 내려오는 불로 보여지기도 하고 그리고 성전 안에 가득한 구름으로 나타나기도 합니다. 그리고 신약 시대는 그 하나님의 영광이 예수 그리스도를 통해 나타나게 됩니다.

요한복음 1장 14절 말씀입니다.

> 말씀이 육신이 되어 우리 가운데 거하시매 우리가 그의 영광을 보니 아버지의 독생자의 영광이요 은혜와 진리가 충만하더라(요 1:14).

그런데 그 하나님의 임재를 상징하는 여호와의 영광이 천국에서는 곳곳마다 가득한 것을 보게 됩니다. 11절은 하나님이 영광이 있어 빛이 보석같이 비치게 된다고 말합니다. 23절도 그곳에는 해나 달의 비침이 쓸데없다고 하는데 그 이유가 하나님의 영광이 비치기 때문입니다. 그래서 만국이 그 빛 가운데로 다니고(24절), 거기에는 밤이 없습니다(25절).

천국을 밝히는 것은 하나님의 영광입니다. 그 영광의 빛으로 인해 우리는 더 이상 어둠 가운데 살아갈 이유가 없고 기쁨과 감사 그리고 소망으로 가득한 삶을 살아가게 됩니다. 또한, 하나님의 영광이 하나님의 임재라면 하나님의 통치와 다스림이 천국을 가득 채우고 있다는 것을 말합니다. 완전한 하나님의 나라가 그곳에 임한 것입니다.

완전한 하나님의 통치와 다스림이 임하는 영광으로 가득한 천국은 우리가 영원히 사모하는 곳입니다. 이 땅에서도 하나님의 임재 한 번으로도 그 기쁨과 감격을 잊지 못하고 살아가는데 천국은 그 임재와 다스림으로 가득한 곳이기에 기쁨과 즐거움이 가득하고 어느 곳에서나 하나님의 임재와 영광을 경험할 수 있게 됩니다.

'이미'(already)와 '아직'(not yet) 사이

천국은 하나님께서 준비하셔서 성도들에게 특별 분양을 하는 곳입니다. 그곳에는 완전한 만족이라는 함께하심의 서비스가 주어지고, 완전한 위로와 회복이라는 하나님의 위로 서비스와 그리고 영원한 기쁨과 즐거움이라는 하나님의 영광 서비스가 공급됩니다.

성도는 '이미'(already)와 '아직'(not yet) 사이를 살아갑니다. 이미 우리에게 임한 하나님의 나라를 통해 하나님의 함께하심, 보혜사 성령의 위로하심 그리고 하나님의 통치와 다스림의 은혜가 주어졌습니다.

그러므로 이 땅에서도 우리는 하나님 나라의 상태를 잘 유지해야 합니다. 그리고 장차 우리에게 임할 영원한 하나님 나라로 나갈 준비를 해야 합니다.

이 땅에서는 불완전하고 순간적으로 경험하는 하나님의 나라이지만, 이제 우리가 가게 될 영원한 하나님의 나라에서는 모든 것이 완전하고 충만하게 임하게 될 것을 믿고, 천국 특별 분양을 받은 자답게 살아가야 합니다.

Manual Project 매뉴얼 프로젝트

제2부
제3장 크리스천을 위한 특급서비스
[요한계시록 21:1-4]

마음 열기

Q) 당신이 생각하는 천국은 어떤 곳입니까?
천국을 분양받기 위해 전부를 팔아야 한다면 당신은 전부를 팔아 천국을 살 준비가 되어 있습니까? (당신이 가진 전부를 적어보세요.)

본문 연구

1) 거룩한 성 새 예루살렘은 누가 누구를 위해 준비한 곳입니까?(계 21:2)

2) 보좌에서 들리는 큰 음성에서 강조되고 있는 단어는 무엇입니까?
그것이 우리에게 중요한 이유가 무엇입니까?(계 21:3)

3) 천국에서 일어나는 특별한 서비스는 무엇입니까?(계 21:4)

말씀 거울

Q) 말씀이라는 거울 앞에 드러난 나의 모습을 찾아보십시오.

나는 어떤 사람이었습니까? (~인 나)

왜 그러한 모습으로 살아왔습니까?

나눔과 적용

1) 당신이 생각하는 완전한 만족의 상태를 말해 보십시오.

   어떤 삶이 완전한 만족의 상태라고 정의할 수 있을까요?

   혹시 그러한 만족함의 상태를 경험한 적이 있습니까?

   그러한 완전한 만족의 상태가 어떻게 주어질 수 있다고 생각하십니까?

2) 살아오면서 받은 가장 큰 상처와 아픔은 무엇입니까?

   시간이 지나도 잘 잊혀지지 않는 아픈 상처는 무엇입니까?

   그 상처와 아픔이 당신의 삶을 어떻게 변화시켰습니까?(부정적인 면에서)

   만약 그 아픈 기억이 사라진다면(기억조차 나지 않는다면) 당신의 삶에는 어떤 변화가 일어나게 될까요?(긍정적인 면에서)

3) 아직 우리는 장소로서의 영원한 하나님의 나라가 아닌 하나님의 통치와 다스림이 있는 하나님의 나라의 상태를 살아가고 있습니다.

   땅에서 하나님의 나라, 즉 하나님의 통치와 다스림을 경험하는 삶을 살아가기 위해 어떻게 살아야 할까요?

   하나님 나라로 살아가기 위한 당신의 결심을 말해 보십시오.

제4장

죽음을 대하는 크리스천의 태도관

[데살로니가전서 4:13-18] ¹³ 형제들아 자는 자들에 관하여는 너희가 알지 못함을 우리가 원하지 아니하노니 이는 소망 없는 다른 이와 같이 슬퍼하지 않게 하려 함이라 ¹⁴ 우리가 예수께서 죽으셨다가 다시 살아나심을 믿을진대 이와 같이 예수 안에서 자는 자들도 하나님이 그와 함께 데리고 오시리라 ¹⁵ 우리가 주의 말씀으로 너희에게 이것을 말하노니 주께서 강림하실 때까지 우리 살아 남아 있는 자도 자는 자보다 결코 앞서지 못하리라 ¹⁶ 주께서 호령과 천사장의 소리와 하나님의 나팔 소리로 친히 하늘로부터 강림하시리니 그리스도 안에서 죽은 자들이 먼저 일어나고 ¹⁷ 그 후에 우리 살아 남은 자들도 그들과 함께 구름 속으로 끌어 올려 공중에서 주를 영접하게 하시리니 그리하여 우리가 항상 주와 함께 있으리라 ¹⁸ 그러므로 이러한 말로 서로 위로하라

지난 2003년 2월 18일 대구 지하철 화재로 192명이 사망하고, 151명이 상처를 입는 사고가 발생했습니다. 2023년, 한 방송국에서 대구 지하철 참사 20주년을 기념하여 추모 다큐멘터리를 제작했습니다. 그 영상에는 화재 사고의 충

격적 모습과 사고 현장에 달려와 구조를 기다리는 가족들의 절박함과 울부짖음이 소개됩니다. 그리고 검은 연기로 가득한 지하철 안에서 구조를 하는 소방관들의 모습이 그려졌습니다.

화재 수습 이후 시신마저 화재로 사라져 버린 현장에서 죽은 자들의 남은 흔적을 찾으려고 다니는 유족들의 모습과 화재로 인해 시신조차 찾을 수 없던 유족들이 타 버린 재를 가지고 와서 유전자 검사를 하는 모습도 보여 주었습니다. 그리고 차분하게 상실의 아픔을 가진 남은 가족들의 이야기를 소개하는데 그들의 한결같은 대답은 시간이 멈춘 것 같다는 것입니다.

우리에게는 20년의 세월이 지났지만 남은 자들에게는 시간이 멈추었고 어제 일처럼 느껴지게 됩니다. 그래서 그 다큐멘터리의 제목이 〈아직도〉입니다.

어떻게 보면 우리도 사랑하는 이를 먼저 떠나보내는 상실의 아픔을 '아직도' 가지고 살아갑니다. 부모, 형제 혹은 사랑하는 자녀를 먼저 앞세운 자들도 있고, 그리고 사랑하는 배우자를 먼저 떠나보내기도 하고 때로는 마음을 주고 의지했던 사람들을 먼저 떠나보내는 아픔이 있습니다. 우리도 여전히 마음속에 과거의 시간에 머문 해소되지 못한 슬픔이 아직도 우리의 삶을 괴롭히고 있을 수 있습니다.

먼저 떠나간 이들에 대한 슬픔

본문에 나오는 데살로니가 교회에도 먼저 떠나간 이들에 대한 슬픔과 아픔을 가지고 있었습니다. 물론, 죽음의 방식과 때도 사람마다 달랐을 것입니다. 그러나 그들을 더 안타깝게 만든 것은 죽은 자들에 대한 잘못된 믿음이 남은 자들의 삶을 더 절망하게 만들었습니다. 그 당시 데살로니가 교회 안에는 그리스도 예수의 재림 이전에 죽은 자들이 마지막 날 영원한 구원에 동참하지 못할 것이라는 잘못된 믿음을 가지고 있었습니다.

그들은 그리스도의 재림이 즉각적으로 임할 것이라고 믿고 있었습니다. 그래서 그리스도의 재림 이전에 죽은 이들은 구원에서 제외되고 또한 그리스도의 영광에 참여할 수 없다고 생각한 것입니다. 사도 바울은 이러한 잘못된 믿음으로 인해 슬픔 가운데 또 다른 슬픔을 얹고 살아가는 자들을 위로하려고 이 글을 적고 있는 것입니다.

첫 번째 위로 메시지: 주 안에서 떠난 자에 대해서는 이제 안심하십시오

13절부터 16절까지 그리스도 안에서 죽은 자에 대해 사도 바울은 의도적으로 "자는 자들"이라고 표현하고 있습니다. 여기에는 사도 바울이 말하고 싶은 메시지가 있음을 발견하게 됩니다. 잠자는 자란 우리의 '영혼'이 아니라 우리의 '육체'에 대한 것입니다. 물론, 영혼 수면설을 주장하는 자들이 있기는 하지만 성경적 관점으로 바라볼 때 "자는 자"란 영혼이 아니라 '육체'를 의미합니다.

그리스도 재림의 날에 몸의 부활을 기다리는 육체를 "잠자는 자"라고 표현한 것입니다. 아시다시피 죽은 자의 영혼은 하늘 즉 천국으로 가서 하나님과 함께 있게 되고 재림의 날에 잠자고 있던 육체가 부활하여 신령한 몸을 덧입게 되어 영원한 곳으로 가게 됩니다.

죽은 자와 잠자는 자

그런데 사도 바울이 그리스도 안에서 죽은 자들을 잠자는 사로 묘사하는 이유는 예수님께서 죽으셨다가 다시 살아나신 것처럼 예수 안에서 자는 자들도 하나님이 다시 그들을 깨우신다는 것을 말하고 싶기 때문입니다(14절). 죽은 자는 일어나지 못하지만, 잠자는 자는 시간이 지나면 깨어납니다. 잠에서 깨어나듯이 그리스도 안에서 죽은 자의 삶도 다시 일어나게 되는 부활이 있다는 것을 말해 주는 것입니다.

몸의 부활이 중요한 이유는 이 몸의 부활을 경험한 자들이 결국 하나님의 완전한 구원으로 나가기 때문입니다. 다시 말해, 그리스도 안에 먼저 죽음을 맞이한 자가 결국 완전한 구원과 부활을 경험하게 된다는 사실을 전함으로 슬픔 가운데 있는 자들을 위로하려고 하는 것입니다. 주 안에 죽은 자들은 몸은 우리 곁을 떠나갔지만 그리스도의 재림의 때가 되면 완전한 구원을 경험하게 된다는 것을 기억해야 합니다.

세 가지 죽음의 상태

그러나 떠나간 자에 대해 우리는 여전히 슬퍼합니다. 일반적으로 죽음을 말할 때 세 가지로 분류할 수 있습니다. 육체적 죽음과 영적 죽음 그리고 영원한 죽음이 있습니다.

먼저 하나님께서 불어넣으신 호흡이 끊어지고 영혼이 육체를 떠나는 생물학적인 죽음 즉 육체적 죽음이 있습니다. 그리고 영적 죽음이 있는데 하나님과의 관계 단절로 인해 영생을 상실하는 죽음을 의미합니다. 죄 가운데 살아가다 결국 영적으로 마비되어 버린 상태를 말합니다. 그런데 이 상태로 죽음을 맞이하게 되면 요한계시록 21장 8절에서 말하는 "둘째 사망"이라고 부르는 하나님과 완전히 분리된 '영원한 죽음'으로 나가게 됩니다. 이 상태가 우리를 슬프게 만듭니다.

영적 죽음이 영원한 생명으로

그러나 영적인 죽음의 상태에 있더라도 영원한 죽음이 아닌 영원한 생명으로 나가는 길이 있습니다. 요한복음 5장 25절 말씀처럼 "죽은 자들이 하나님의 음성을 들을 때가 오나니 곧 이때라"에서 말하는 "죽은 자"는 '영적 죽음을 맞이한 자'이지만 아직 육체는 죽지 않은 자입니다. 이들에게도 하나님의 음성이 들려지게 된다면 그들이 살아날 수 있는 가능성이 있습니다.

또한, 에베소서 2장 1절에서도 "허물과 죄로 죽었던 너희를 살리셨도다"라고 말씀하십니다. 예수님을 만나기 전 우리의 모습은 죄 가운데 살아가고, 세상 풍조를 따르고, 공중의 권세 잡은 자를 따라가던 모습이었습니다. 본질상 진노의 자녀로 살아가며 허물과 죄로 영적인 죽음을 맞이한 자들이었습니다. 그런데 긍휼히 풍성하신 하나님의 사랑이 예수 그리스도를 통해 우리를 살리셨습니다.

이제 우리가 해야 하는 것은 남아 있는 사랑하는 이들의 죽음이 영적인 죽음으로 그리고 영원한 죽음으로 이어지지 않도록 그 결렬된 틈 안으로(시 106:23) 들어가서 기도해야 합니다. 또한, 믿지 않는 자들이 주 안에서 자는 자가 될 수 있도록 복음의 전파와 함께 구원의 확신을 확인해야 합니다.

상실보다 우리를 더 아프게 만드는 것은 데살로니가 교인들이 느끼는 것처럼 구원을 잃어버리는 것입니다. 그러므로 상실보다 더 큰 상실 즉 그리스도를 알지 못한 채 죽음을 맞이하는 이들이 없도록 우리는 부지런히 하나님의 복음을 전해야 합니다.

두 번째 위로 메시지: 주 안에서 떠나보낸 이에게는 소망이 있습니다

떠나보내는 이들이 힘들어하는 이유는 죽음이 주는 결과 때문입니다. 죽음은 함께 했던 추억에 대한 그리움을 안겨주고, 더 이상 함께할 수 없다는 아쉬움을 가져오고, 그리고 더 잘 해주지 못했다는 후회감과 죽은 자가 없는 삶을 살아야 하는 두려움을 가져다줍니다. 이 모든 것의 중심에는 '만날 수 없다는 것'이 있습니다. 그런데 우리가 주 안에서 가지는 소망은 '다시 만날 수 있다'는 것입니다. 죽음이 생과 사로 우리를 갈라놓음으로 인해 더 이상 얼굴로 마주할 수 없지만 때가 되면 반드시 주 안에서 다시 만나게 됩니다. 이것이 우리의 소망입니다.

안녕(good night)과 굿바이(good bye)

미국의 남부 도시에서 있었던 일입니다. 장성한 네 아들을 둔 어머니가 병원에서 임종을 맞이하게 되었습니다. 어머니는 아들들에게 마지막 굿나잇 키스를 해 달라고 요청했습니다. 그러나 막내아들 앤디에게만은 "앤디야 엄마에게 굿바이 키스를 해 다오"라고 합니다. 놀란 막내아들은 이상해서 어머니에게 물어보았습니다.

"어머니, 왜 형들에게는 굿나잇 키스를 하게 하고 나는 굿바이 인사를 해야 하나요?"

그러자 어머니는 마지막 힘을 내 이렇게 말했습니다.

"앤디야, 너의 형들은 이제 머지않아 저 영광스러운 천국에서 엄마와 다시 만나게 된단다. 그러나 너와는 마지막이지 않느냐?

이 엄마는 너에게 예수 그리스도에 대한 진리를 여러 번 간곡히 가르치고 인도했지만 너는 끝내 네 고집대로 어두운 길로 가버리고 말았지. 그러니 나는 너를 다시 만날 수가 없단다. 그래서 네 형들과는 안녕이지만 너와는 굿바이의 인사를 하는 거란다."

이 말을 들은 막내아들은 어머니의 침대에 엎드리며 눈물을 터뜨렸습니다.

"어머니! 저에게도 굿나잇의 인사를 해주세요. 저도 어머니 계신 곳에 가도록 예수님을 믿겠습니다."

아들은 젖은 뺨을 엄마의 볼에 비벼댔습니다. 어머니의 눈에는 감사의 눈물이 글썽거렸으며 손은 앤디의 머리를 사랑스럽게 만져주며 떠나가게 됩니다.

이 이야기가 보여 주는 것처럼 죽음 이후 우리의 삶이 살아있는 자와 죽은 자로 갈라지는 것뿐만 아니라 천국과 지옥으로 나누어진다는 것을 보게 됩니다.

누가복음 16장에 나오는 나사로와 부자 이야기에서 천국과 지옥의 간극(間隙)을 소개합니다. 부자가 아버지 아브라함에게 나사로를 보내어 음부에 있는 자기 혀에 물 한 방울만 적시게 해달라고 간구합니다.

그러나 아브라함은 다음과 같이 말합니다.

> 너희와 우리 사이에 큰 구렁텅이가 놓여 있어 여기서 너희에게 건너가고자 하되 갈 수 없고 거기서 우리에게 건너올 수도 없게 하였느니라(눅 16:26).

믿는 자와 믿지 않는 자 사이에 건널 수 없는 간극이 있고 완전한 분리가 일어남을 보게 됩니다.

예수님을 중심으로 시작되는 만남

> 주께서 호령과 천사장의 소리와 하나님의 나팔 소리로 친히 하늘로부터 강림하시리니 그리스도 안에서 죽은 자들이 먼저 일어나고 그 후

> 에 우리 살아 남은 자들도 그들과 함께 구름 속으로 끌어 올려 공중에서 주를 영접하게 하시리니 그리하여 우리가 항상 주와 함께 있으리라(살전 4:16-17).

그러나 주 안에서 있는 자들에게는 주께서 "하늘로부터 강림하실 때" 즉 주의 재림의 때가 임하게 되면 놀라운 만남이 시작됩니다. 그때 그리스도 안에서 죽은 자들이 먼저 일어나고, 그리고 살아남은 자들이 끌어 올려져 주를 영접하게 됩니다. 그리고 항상 주와 함께 있게 되는 은혜를 경험하게 됩니다. 다시 말해, 우리 주 되시는 예수님을 중심으로 다시 만남이 이루어지게 됩니다. 우리의 만남의 중심에는 예수님께서 계십니다. 주의 재림의 날에 예수님을 통해 먼저 죽은 자와 살아남은 자가 다시 만나게 되는 은혜를 누리게 됩니다.

> 형제들아 자는 자들에 관하여는 너희가 알지 못함을 우리가 원하지 아니하노니 이는 소망 없는 다른 이와 같이 슬퍼하지 않게 하려 함이라(살전 4:13).

그러므로 우리는 소망 없는 다른 이들 다시 말해, 예수님이 없는 이들과는 다른 모습을 보여 주어야 합니다. 왜냐하면, 우리에게 소망이 있기 때문입니다. 물론, 여전히 사랑하는 자들을 떠나보내며 생겨난 슬픔이 여전히 있을 수 있지만 주님 안에서 발견하는 더 크고 강한 소망으로 슬픔을 덮어야 합니다.

소망의 언어

그 방법으로 이제 죽음의 언어 혹은 슬픔의 언어가 아닌 소망의 언어를 사용해야 합니다. 소망의 언어의 핵심은 하나님께서 그 상실 혹은 아픔을 통해 이루어 가실 어떤 일을 기대하며 말하는 것입니다. 또한, 상실과 죽음을 통해 하나님의 뜻이 이루어지기를 간구하며 말하는 것입니다.

예를 들어, 요한복음 11장에 예수님께서 나사로가 병들었고 곧 죽게 된다는 것을 아셨지만 주님은 소망의 언어를 사용하십니다.

"나사로의 죽음으로 말미암아 아들이 영광을 얻게 될 것이다"

그리고 나사로의 무덤 앞에서 슬퍼하며 눈물을 흘리셨지만, 곧 주님께서는 소망의 언어로 말씀하십니다.

"나사로의 죽음이 나를 보내신 아버지를 믿게 하는 기회가 될 것이다"

요한복음 12장 24절의 "한 알의 밀알의 죽음이 많은 열매를 맺느니라"라는 말씀도 소망의 언어입니다.

비록 상실과 아픔과 고통이 우리가 살아가는 삶 속에서 사라지지는 않겠지만 그럼에도 그러한 상황에서도 소망을 발견하고 또한 소망의 언어를 선포하게 될 때 우리의 삶은 슬픔이 아닌 소망으로 가득한 삶이 될 것입니다.

그러므로 이제 우리도 소망의 언어로 우리에게 주어진 상실의 상황에 대한 새로운 해석을 써 내려가야 합니다. 하나님께서 나의 상실을 통해 이루실 하나님의 뜻을 찾고 그 안에서 우리는 소망을 찾아내야 합니다.

더 이상 상실이 주어진 삶을 피하고 도망치지 말고 주 안에서 정면으로 부딪치면서 새로운 소망을 찾아가는 것, 이것이 주 안에서 우리가 해야 할 일입니다.

위로메시지: 상실을 대하는 다른 태도가 주 안에서 있습니다

스코트랜드 유명한 가수였던 해리 로더(Harry Lauder)는 공연 중에 아들의 전사 소식을 듣게 됩니다. 그러나 해리 로더는 평소와 같이 웃으며 노래를 불렀고 공연을 순소롭게 마쳤습니다. 공연 후, 그는 아들의 시신이 있는 병원으로 달려갔습니다. 아들의 시신을 보는 순간 눈시울이 붉어졌지만, 병실 안에 같은 아픔으로 슬퍼하고 있는 병사들과 유족들의 모습을 보았습니다. 그때 그는 그들을 위해 노래를 부르기 시작했습니다.

나중에 해리 로더는 한 잡지사와의 인터뷰에서 이렇게 말했습니다.

> 상실을 대하는 사람의 자세는 한 가지만 있는 것이 아닙니다. 어떤 이들은 세상을 비관해서 좌절하든지, 술을 계속 마셔서 자신을 파멸하든지, 하나님께 슬픔을 맡겨 자유하든지…. 저는 하나님께 저의 슬픔을 맡겼고, 하나님은 놀라운 힘과 위로를 공급해 주셨습니다. 그리고 그 힘으로 저는 다른 사람의 눈물을 위로하길 원했습니다.

상실을 대하는 방식

마찬가지로 우리도 상실을 대하는 다른 방식이 필요합니다. 물론, 아파하고 눈물 흘리며 슬픔으로 상실을 대할 수 있습니다. 그러나 주 안에 있는 우리는 상실에 대한 다른 방법과 태도가 필요합니다.

본문에서 사도 바울은 상실을 대하는 방법을 소망 없는 다른 이들과 같이하지 말라고 경고합니다. 상실을 경험한 자들의 일반적인 반응이 바로 '슬픔'입니다. 그러나 언제까지 슬픔의 감정만 가지고 떠나간 자를 그리워하고 죄책감과 후회로 가득한 삶을 살아갈 수는 없습니다. 슬픔의 반대말은 기쁨입니다. 떠나간 자 앞에서 기뻐하는 것이 또 다른 죄를 짓는 느낌이 들기도 하지만 조금만 생각을 바꾸어 보면 상실을 대하는 다른 방식이 될 수 있습니다.

상실이 감사와 기쁨이 되는 이유

이용규 선교사의 『내려놓음』이라는 책에 나오는 한 이야기가 있습니다. 귀한 진주를 사기 위해 자신의 전부를 드린 사람의 이야기입니다. 자신의 모든 것을 다 하나님께 드린 사람에게 하나님께서는 그 모든 것을 빌려주시겠다고 말씀하십니다.

대신 내가 원할 때 언제든지 포기할 수 있어야 하는데 내가 너의 주인이기 때문이라고 말씀하십니다. 하나님께서 내게 빌려주신 것을 가져가실 때 왜 가져가시느냐고 원망하고 불평해서는 안 됩니다.

첫째, 우리가 기억해야 하는 한 가지는 하나님께서 빌려주신 기간 동안 우리가 그것으로 인해 기뻤고 행복했고 감사했다는 것입니다. 우리에게 주신 추억과 함께 함이 기억을 우리는 기뻐해야 합니다.

둘째, 상실의 크기만큼 떠난 이가 우리에게 귀하고 소중하다는 것을 깨닫는 것도 우리가 발견하는 또 하나의 기쁨입니다. 상실을 경험하기 전에는 깨닫지 못했지만, 상실을 통해 떠나간 이의 빈자리와 그리움이 하나님께서 내게 주신 자에 대한 감사로 이어져야 합니다.

셋째, 우리에게는 상실이지만 떠나간 자에게는 고통스럽고 힘든 삶의 무게를 벗고 영원한 하나님의 품에서 안식하게 된다는 것에서 우리는 새로운 기쁨을 발견하게 됩니다.

우리는 세상에서 많은 상실을 경험합니다. 사랑하는 이들을 떠나보내기도 하고 때로는 목숨 바쳐 일하던 직장에서 실직하거나 혹은 내가 원했던 자리나 사랑했던 어떤 것의 상실을 경험합니다. 그때 우리에게 가장 먼저 일어나는 반응은 상실에 대한 분노와 사람들에 대한 원망 그리고 슬픔과 고통의 감정이 밀려옵니다.

그러나 상실에 대한 우리의 태도를 바꾸면 우리는 욥처럼 "주신 이도 여호와시요 거두신 이도 여호와시오니"(욥 1:21)라는 사실을 고백하며 그것을 통해 누렸던 행복과 누렸던 시간에 감사가 생겨납니다.

상실을 대하는 태도가 결국 우리가 무엇을 믿고 사는가를 보여줍니다. 그러므로 상실을 대하는 태도를 슬픔에서 감사로, 분노에서 기쁨으로 바꾸는 믿음을 나타내는 자가 되어야 합니다.

주 안에 있지 못한 자의 상실

주 안에 있지 못한 자들의 상실은 우리를 여전히 슬퍼하게 만듭니다. 영적인 죽음이 육적인 죽음을 만났을 때 영원한 죽음밖에 다른 길이 없기 때문입니다.

그러나 슬퍼하고만 있을 수 없는 이유는 아직 우리에게 기회가 남아 있기 때문입니다. 다시는 무기력하게 영원한 죽음의 상태로 누군가를 떠나보내지 않도록 우리는 주 안에서 힘을 내야 합니다. 그럴 때 우리의 슬픔은 기쁨이 되고, 이전에 경험했던 좌절과 고통은 소망으로 바뀌게 될 것입니다. 다시 용기를 내야 합니다.

제2부
제4장 죽음을 대하는 크리스쳔의 태도관
[데살로니가전서 4:13-18]

마음 열기

Q) 당신이 경험한 가장 강력한 상실의 아픔은 무엇입니까?

왜 그 상실이 당신의 삶을 아프게 만들었습니까?(그리움? 후회감? 두려움? 아쉬움? 기타)

본문 연구

1) 사도 바울이 슬퍼하지 말라고 하는 이유는 무엇 때문입니까? (살전 4:13)

2) 주님께서 죽으셨다가 살아나심을 믿는다면 우리가 또한 믿어야 하는 것은 무엇입니까?(살전 4:14)

3) 바울이 반복해서 말하는 예수 안에서 자는 자들은 어떤 자를 말하는 것일까요?(살전 4:13-16)

말씀 거울

Q) 말씀이라는 거울 앞에 드러난 나의 모습을 찾아보십시오.

나는 어떤 사람이었습니까? (~인 나)

왜 그러한 모습으로 살아왔습니까?

나눔과 적용

1) 상실을 대하는 당신의 태도와 극복 방법은 무엇입니까?

왜 그 방법(태도)으로 상실을 대하고 있습니까?

그것이 최선의 방법입니까?

2) 당신이 가진 상실의 상황을 하나님의 뜻을 기대하며 또한 하나님께서 이루실 것을 기대하며 소망의 언어로 바꾸어 보십시오. (예를 들어, 한 알의 밀알의 죽음이 많은 열매를 가져올 것이다. 나사로의 죽음이 아들로 영광을 얻게 할 것이다 등.)

3) 만약 상실을 대하는 태도를 기쁨과 소망으로 바꾼다면 당신의 삶에 어떤 변화가 일어나게 될까요?

아직 내 삶에 일어나지 않은 상실을 경험하게 된다면 당신은 슬픔과 절망 그리고 원망과 분노와 다른 방식으로 상실을 대할 수 있을까요?

제5장

카이로스로 바라보는 크리스천의 죽음관

[디모데후서 4:6-8] ⁶ 전제와 같이 내가 벌써 부어지고 나의 떠날 시각이 가까웠도다 ⁷ 나는 선한 싸움을 싸우고 나의 달려갈 길을 마치고 믿음을 지켰으니 ⁸ 이제 후로는 나를 위하여 의의 면류관이 예비되었으므로 주 곧 의로우신 재판장이 그 날에 내게 주실 것이며 내게만 아니라 주의 나타나심을 사모하는 모든 자에게도니라

마지막 5분

어느 한 젊은 사형수가 있었습니다. 형장에 도착한 사형수에게 마지막으로 5분의 시간이 주어졌습니다. 28년을 살아왔던 그는 너무나 소중한 5분을 어떻게 사용할 것인가를 고민하다 그중 2분은 동료들과 작별하고 사랑하는 가족들과 작별하는 데 사용합니다. 그리고 2분은 자신이 살아왔던 삶을 되돌아보는데, 나머지 1분은 다시는 볼 수 없는 세상을 마지막으로 돌아보는 데 사용합니다. 그리고 사형이 집행되려고 하는 순간 광장으로 마차 한 대가 질주해 들어섭

니다. 사형집행을 멈추고 대신 유배를 보내라는 황제의 전갈이었습니다.

그는 시베리아로 유배되었다가 형기를 채우고 풀려났습니다. 그 후 인생은 5분의 연속이라는 마음으로 작품들을 써 내려가기 시작했고 『죄와 벌』, 『카라마조프의 형제들』 등과 같은 위대한 작품을 남겼습니다. 러시아의 대문호 도스토옙스키의 실제 삶의 이야기입니다.

> 만약 우리에게 마지막 5분과 같은 시간이 주어진다면 우리는 어떤 것을 하며, 우리의 마지막 시간을 사용해야 할까요?

서울대병원 종양내과 교수로 30년 동안 재직한 '허대석 교수'가 한 언론과의 인터뷰에서 이런 말을 했습니다. 임종이 임박한 40대 유방암 환자에게 마지막으로 하고 싶은 일이 무엇인지 물었더니 '설거지'라고 대답했습니다. 그 설거지라는 말 안에는 아프기 전에 주방에서 가족과 함께 했던 일상에 대한 그리움이 함축된 것입니다. 죽음을 맞이하는 사람은 늘 삶의 순간을 기억하고 그리워합니다. 그렇다면 삶을 살아가는 우리도 죽음의 때를 기억하며 오늘을 살아가야 합니다.

카이로스로 바라보는 죽음

디모데후서는 사도 바울이 쓴 13개의 서신 중 마지막 서신 가운데 하나입니다. 바울은 AD 67년경에 순교를 당하는데 디모데후서는 AD 66년경에 쓰인 것으로 알려져 있습니다. 그래서 디모데후서는 사도 바울의 유언과 같은 메시지가 담겨있습니다.

> 전제와 같이 내가 벌써 부어지고 나의 떠날 시각이 가까웠도다 (딤후 4:6).

바울은 나의 떠날 시각이 가까웠다는 말을 통해 자기 죽음의 때가 임박했다는 것을 고백합니다. 여기서 "떠나다"라는 단어는 배를 바다로 출항시키기 위해 정박해 두었던 배의 줄을 푸는 것이라는 의미도 있고 또한 여행자가 새로운 목적지로 나가기 위해 자신의 텐트를 걷는 것이라는 의미도 가집니다. 이 단어는 사도 바울이 자기 죽음을 두려워하고 도망치는 모습이 아니라 적극적으로 자기의 죽음을 향해 나가는 모습을 보여 주고 있습니다.

왜냐하면, 그는 자기의 죽음을 '크로노스의 시간'으로 바라보지 않고 '카이로스의 시간'으로 해석하고 있기 때문입니다. '나의 떠날 시각'이라고 할 때 사용된 '시각'이라는 단어는 헬라어의 '때'를 의미하는 단어입니다. 보통 헬라어에서는 때를 의미하는 단어가 두 가지가 있는데 하나는 크로노스(χρόνος)이고 다른 하나는 카이로스(καιρός)입니다. 크로노스는 연대기적 시간을 의미하는데, 자연적이고 흘러가는 시간을 의미합니다. 몇 년, 몇 시, 몇 분과 같은 정량적인 시간을 의미합니다.

그러나 카이로스의 시간은 의미 있고 특별한 기회의 순간을 의미하는데 성경적으로는 하나님께서 주시는 특별한 은혜의 시간 같은 것으로 하나님을 만난 특별한 시간이나 구원을 경험한 시간과 같은 것입니다. 그런데 본문에 사도 바울이 말하는 '시각'이라는 때는 바로 '카이로스'입니다.

바울은 자기의 죽음을 흘러가는 시간의 끝으로 바라본 것이 아니라 하나님의 특별한 시간으로 바라보고 있습니다. 이 시간은 하나님께서 예비하신 구원이 완성되는 시간이고, 8절 말씀처럼 이제 이후에 나를 위하여 마련된 의의 면류관을 받게 되는 특별한 시간이라고 보는 것입니다.

전제(奠祭)로 부어지는 삶

바울은 삶의 마지막 순간조차도 전제(奠祭)와 같이 부어지는 삶을 준비합니다. 전제(Drink offering)란 포도주를 하나님의 제단에 부어드리는 제사를 의미합니다. 전제는 단독으로 드려질 수 없고 번제와 소제와 함께 드리는 제사입니다. 전제로 부어지는 포도주는 제단 위에서 모든 것이 태워

져 재가 될 제물에 부어졌는데 이는 제물 전제가 하나님께 온전히 바쳐졌음을 의미했습니다. 전제로 부어지는 포도주는 제물을 더욱 향기롭게, 그리고 포도주의 알코올 성분 때문에 더욱 잘 타오르도록 하며, 포도주가 마음을 기쁘게 하는 것이기에 제물을 받으시는 하나님을 기쁘시게 하는데 그 목적이 있습니다.

결국, 전제로 부어진다는 것은 자신에게 주어진 마지막 삶을 하나님께 부어드리겠다는 결심을 드러내는 것입니다. 전제는 섬기는 자의 헌신 그리고 주를 위해 생명까지도 기꺼이 내놓을 수 있는 거룩한 희생을 의미합니다. 바울은 자신의 삶을 '마지막 한 방울까지 쏟아부은 포도주'에 비유하며, 자신의 전 생애가 그리스도를 위한 희생이었음을 고백합니다.

주님께서 십자가 위에서 마지막 피 한 방울까지 다 쏟아부으신 것처럼 자신도 그렇게 자신의 마지막을 채워나가기를 원했습니다. 그 이유가 바로 카이로스로 죽음을 바라보고 있기 때문입니다.

관점의 차이(크로노스냐? 카이로스냐?)

크로노스의 물리적이고 연대기적 시간으로 죽음을 바라보는 사람들은 '남은 시간이 얼마나 되는가'에 관심을 가지고 시간의 끝에 대한 두려움을 가집니다. 그러나 카이로스로 죽음을 바라보는 사람들은 지금, 이 시각이 하나님의 특별한 시간이 되기를 갈망합니다. 그래서 죽음을 하나님과의 특별한 만남의 시간으로 그리고 하나님이 주시는 완전한 구원으로 나가는 시간으로 바라봅니다.

그렇기에 사도 바울은 담대하게 떠날 수 있고 또한 자신의 삶을 전제로 부을 수 있고, 7절 말씀과 같이 선한 싸움을 싸우고 달려갈 길을 마치고 믿음을 지킬 수 있었습니다.

> 나는 선한 싸움을 싸우고 나의 달려갈 길을 마치고 믿음을 지켰으니 (딤후 4:7).

이 말씀을 크로노스의 시각으로 바라보면 바울이 자기 죽음을 앞두고 자신이 살아왔던 삶을 정리한 것으로 볼 수 있습니다. 그러나 만약 카이로스의 시각으로 이 말씀을 바라보면 8절 이후에 언급된 의의 면류관을 얻을 수 있는 이유가 됩니다.

> 이제 후로는 나를 위하여 의의 면류관이 예비되었으므로 주 곧 의로우신 재판장이 그 날에 내게 주실 것이며 내게만 아니라 주의 나타나심을 사모하는 모든 자에게도니라(딤후 4:8).

그러므로 우리는 카이로스로 죽음을 바라보아야 합니다. 죽음 후에 우리가 받을 의의 면류관을 바라며 죽음의 시간이 찾아왔을 때 다음과 같은 인생 질문을 던져야 합니다. 그리고 이 질문은 매일 우리의 삶에서도 물어야 할 질문입니다.

인생 질문 1: 무엇을 지키며 살아왔는가?

'무엇을 지키며 살아왔느냐'는 질문은 무엇이 우리에게 중요한가를 묻는 질문입니다. 우리는 살아가면서 지켜야 할 많은 것이 있습니다. 가정과 가족들과 같은 사람들도 지켜야 하고, 내가 이룬 사업이나 어떤 것들도 지켜야 합니다. 그리고 평생 모은 재산도 지켜야 하고 또한 자신의 이미지나 평판도 지켜야 합니다. 그리고 내가 옳다고 믿는 신념이나 정의도 지켜야 합니다. 물론, 크로노스의 시간을 살아가는 자들은 삶의 마지막 순간까지 그러한 것들을 지키기 위해 자신의 삶을 걸게 됩니다. 왜냐하면, 그것들이 우리의 삶에서 중요한 것들이기 때문입니다.

카이로스를 경험한 자들이 지키는 것

그러나 카이로스, 즉 하나님의 특별한 시간으로 나가야 하는 자들이 지켜야 하는 것은 세상 사람들이 가지는 것과 조금 다른 것 같습니다.

예를 들어, 민수기를 보면 이스라엘 백성들이 '하나님의 구원'이라는 카이로스의 시간을 경험하고 출애굽을 시작합니다. 카이로스로 시작된 그들의 삶에 있어 그들이 애굽 땅에서 소중하다고 생각하며 가지고 나왔던 음식과 어떤 물건들 그리고 애굽 사람들에게 받은 은금 패물들과 의복들은 더 이상 광야에서 중요하지 않았습니다.

왜냐하면, 그 모든 것이 광야에서 쓸데없거나 혹 사라지고 마는 것이기 때문입니다. 심지어 그들이 가지고 나왔던 애굽의 시간마저 하나님께서 출애굽과 함께 리셋(reset)하셔서 새로운 시간을 자기 백성들에게 주십니다. 그렇게 광야 여정을 시작한 이스라엘 백성들이 지키며 살아가고 있었던 것은 바로 '성막'이었습니다. 진을 칠 때도 성막을 향해 동서남북으로 진을 칩니다. 그리고 앞으로 행진을 할 때도 성막을 중심으로 앞에 가고 뒤에 가면서 늘 성막을 지키며 약속의 땅 가나안 땅을 향해 나갔습니다.

성막은 하나님의 임재의 상징이었고, 그리고 성막에서 모세와 하나님과 만남이 일어났습니다. 성막은 하나님께서 이스라엘 백성들과 함께 계신다는 믿음이었고 또한 하나님께서 그들을 인도하고 계신다는 믿음이었습니다. 그래서 성막을 통해 주시는 말씀을 믿고 또한 성막을 덮고 있는 불기둥과 구름 기둥의 인도를 따라가고 서는 것을 반복하면 됩니다.

성막은 그들이 가지고 있는 하나님에 대한 믿음이었습니다. 그들이 지키고 있었던 것은 바로 하나님에 대한 믿음이었습니다. 그 믿음만 흔들리지 않으면 죽음의 땅 광야를 지나 약속의 땅까지 이를 수 있습니다.

믿음을 지키며 사는 삶

> 나는 선한 싸움을 싸우고 나의 달려갈 길을 마치고 믿음을 지켰으니 (딤후 4:7).

사도 바울은 자신의 임종이 임박한 시간에 그가 지켰던 것을 고백하는데 그것이 바로 '믿음을 지켰다'는 것입니다. 믿음을 지키는 것이 중요한 이유는 다음과 같습니다.

첫째, 믿음으로 우리는 구원을 받고(엡 2:8) 또한 믿음으로 의롭다 하심을 받기 때문입니다(롬 5:1).

둘째, 히브리서 11장 6절 말씀처럼 믿음이 없이는 하나님을 기쁘시게 할 수 없기에 우리는 믿음을 지킴으로 하나님을 기쁘시게 하는 삶을 살 수 있습니다.

셋째, 겨자씨 한 알 만한 믿음으로 산을 옮기기도 하고(마 17:20) 또한 믿음으로 베드로는 물 위를 걸어가기도 하고(마 14:29), 그리고 능치 못함이 없는 비밀(막 9:23)이 바로 믿음을 지키는 것에 있습니다.

넷째, 믿음의 방패는 악한 자들의 불화살을 막아 내어 우리의 삶을 지켜내기도 합니다(엡 6:16).

믿음은 우리의 구원과도 연결되고, 능력 있는 삶을 위해 그리고 하나님을 기쁘시게 하는 삶을 위해서도 필요합니다. 또한, 악한 자들의 공격을 막아 내기 위해서도 우리에게 믿음은 중요합니다.

믿음의 흔적

믿음을 지키며 살아가는 것은 카이로스로 하나님의 때를 기다리고 있는 자들에게는 아주 중요한 영적 흔적이 됩니다. 믿음은 구원의 흔적이고, 능력 있는 삶의 흔적입니다. 그리고 하나님을 기쁘시게 살아간 은혜의 흔적이고 악한 마귀의 도전 앞에 흔들리지 않고 이겼다는 승리의 흔적입니다.

그러므로 우리는 죽음 앞에서 반드시 '나는 믿음을 지켰는가'를 물어야 합니다. 그리고 하루가 끝나는 시간에 카이로스로 살아가는 우리 자신에게 다음과 같이 질문해야 합니다.

> '나는 오늘 하루 믿음을 지켰는가?'
> '믿음으로 살았고 믿음을 잃지 않았고, 믿음으로 악을 이겨냈는가?'
> '믿음으로 세상의 도전 앞에 흔들리지 않고 하나님만 의지했는가?'

인생 질문 2: 나는 어떤 삶을 살았는가?

크로노스로 삶을 사는 자에게 '당신은 어떤 삶을 살았느냐'고 묻는다면 그들이 원하는 최고의 대답은 '행복했고, 편안했고, 안락했고, 의미 있는 삶을 살았다'는 것입니다. 이들에게 죽음은 시간의 종결이기에 그 시간이 오기 전에 자신이 원하는 것을 이루고, 즐기고 그리고 고통 없이 살다가 자신이 의미를 두었던 것을 이루며 죽은 것이 최고의 삶이 됩니다. 이들에게 중요한 기준은 자신을 위한 것입니다. 자기의 뜻 안에서 그리고 자신이 원하는 삶을 살았다면 그것으로 만족할 만한 삶을 살았다고 평가할 것입니다.

치열하고 간절하게 살아가는 삶

> 나는 선한 싸움을 싸우고 나의 달려갈 길을 마치고 믿음을 지켰으니 (딤후 4:7).

카이로스로 죽음을 바라보는 자에게 '어떤 삶을 살았는가'라는 질문을 한다면 우리는 바울과 같이 "나는 선한 싸움을 싸웠노라"라고 대답할 수 있어야 합니다.

선한 싸움을 싸웠다는 것은 그가 어떤 삶을 살아가려고 애를 썼는가를 보여 주는 부분인데 "싸웠다"라는 단어를 통해 그가 얼마나 치열하고 간절하게 살아왔는가를 알 수 있습니다. 여기에 사용된 '싸우다'라는 단어는 운동장에서 이기기 위해 경쟁하는 것을 의미합니다. 또한, 어려움과 위험 가운데도 온 힘을 다해 벗어나려고 노력하는 것을 의미합니다. 그리고 어떤 것을 얻기 위해 열심히 노력하고 애쓰는 삶을 의미합니다. 다시 말해, 우리가 살아가는 삶은 손을 늘어뜨리고 무기력하게 살아서는 안 된다는 말입니다.

무엇을 위해 살아야 하는가?

그러나 치열하고 간절하게 사는 것보다 더 중요한 것은 '무엇을 위해 사는가'의 물음을 스스로에게 질문하며 사는 삶입니다.

본문은 "선한 것"을 얻기 위해 치열하고 간절하게 싸우라고 말합니다. '선하다'는 뜻을 가지는 헬라어 칼로스(καλός)는 히브리어 토브(טוב)를 번역한 단어입니다.

첫째, 구약의 '토브'는 하나님께서 보시기에 좋았더라고 할 때 사용된 단어입니다. 다시 말해, 선한 싸움은 하나님께서 보시기에 좋은 싸움을 의미합니다. 내가 기준이 아니고 하나님이 기준입니다

둘째, 선하다는 것은 기본적인 동기가 '선함'에서 나와야 하는데 그 선함의 기준이 '하나님의 말씀과 뜻'입니다. 우리는 하나님의 말씀 안에서 그리고 하나님의 뜻 안에서 선함을 찾아야 합니다. 로마서 8장 28절은 말씀합니다.

> 그의 뜻대로 부르심을 입은 자들에게는 모든 것이 합력하여 선을 이루느니라(롬 8:28).

하나님의 뜻 안에 합력하여 이루어가시는 하나님의 선함이 나타나게 됩니다. 그러므로, 우리의 삶이 하나님의 선함을 이루어가려는 노력 가운데 있는가를 확인해야 합니다.

셋째, 선하다는 것은 우리의 삶의 열매를 통해 나타나야 합니다. 내 삶에 좋은 열매를 맺기 위해서는 내가 선한(좋은) 나무가 되어야 합니다(마 7:17). "좋다"는 단어는 "선하다"는 말과 동일한 단어입니다. 우리가 그리스도의 좋은 나무 혹은 선한 나무라면 당연히 우리의 삶에 선한 열매, 좋은 열매가 나타나게 됩니다. 그러므로 내게 나타나는 열매를 통해 내가 어떤 삶을 살아가고 있는가를 확인해야 합니다.

관점, 기준, 열매

그러므로 선한 싸움을 싸워야 하는 우리가 가져야 하는 관점은 '하나님께서 보시기에 선함'이어야 하고, 우리가 가져야 하는 기준은 '하나님의 뜻과 말씀'이고, 그리고 우리가 맺어야 하는 열매는 '하나님께서 원하시는 열매'이어야 합니다.

크로노스로 살아가는 삶에서는 그러한 선한 싸움의 관점이 내가 보기에 좋은 것이고 선함의 기준은 내 뜻이고 그리고 선함의 열매는 내게 유익이 되는 것입니다. 반면, 하나님의 카이로스 즉 하나님의 특별한 시간인 죽음으로 나가는 우리에게 선한 싸움은 결국 하나님의 정의와 기준에 달려 있습니다.

그러므로 우리는 나의 임종 앞에서 나는 어떤 삶을 살아왔는가를 돌아보고 선한 싸움을 싸웠는가를 확인해야 합니다. 그리고 매일 잠자리로 들어가기 전에 '나는 오늘 하루 선한 싸움을 싸웠는가'를 스스로에게 물어야 합니다. 그러한 삶이 쌓이고 쌓여 우리는 마지막 날 선한 싸움을 싸웠노라고 담대하게 말할 수 있을 것입니다.

인생 질문 3: 내게 주신 사명(사역)을 다 이루었는가?

크로노스의 시각으로 죽음을 바라보는 자들이 이루기 원하는 것은 남들이 하지 못한 업적과 성취입니다. 그러나 카이로스로 죽음을 바라보는 자들에게 중요한 것은 내가 이룬 업적이나 성취보다 '하나님께서 내게 부탁하신 사역과 사명을 제대로 잘 감당했는가'입니다. 우리는 모두 죽음 이후에 하나님 앞에 서야 하는 자들입니다.

마태복음 25장에 나오는 달란트 비유에서 타국으로 떠나는 주인은 종들을 불러 자기 소유를 맡깁니다. 소유를 맡긴다는 것은 주인이 바라는 목적과 기대 그리고 원하는 결과가 있습니다. 그리고 오랜 후에 주인이 돌아와서 종들에게 결산합니다. 우리의 삶도 결산의 때가 죽음 이후에 주어집니다. 내게 맡기신 소유 즉 사명과 하나님의 목적대로 살아왔는가를 돌아보아야 합니다.

> 나는 선한 싸움을 싸우고 나의 달려갈 길을 마치고 믿음을 지켰으니 (딤후 4:7).

"나의 달려갈 길을 마치고"라는 말은 바울이 자기 죽음 앞에 섰다는 의미로도 볼 수 있습니다. 마치 마라톤 선수가 자신이 달려야 할 길을 완주한 것처럼 '하나님께서 바울에게 주신 모든 사명과 사역의 길을 끝냈다'는 것입니다. 이는 하나님께서 맡기신 사명을 잘 마무리했다는 의미이기도 하고 또한 자신을 이 땅에 보내신 하나님의 목적을 이루었다는 고백이기도 합니다.

그리고 자신에게 주신 길에서 순종하며 달려왔다는 고백이기도 합니다. 예수님께서 십자가 위의 마지막 고백으로 "다 이루었다."고 말씀하신 것처럼 바울도 자신이 달려가야 할 길을 마쳤다는 완성의 의미로 이 고백을 하는 것입니다.

우리도 인생의 마지막 순간에 이러한 고백을 할 수 있는 자가 되었으면 좋겠습니다. "내게 맡기신 사명을 다 이루었습니다."

물론, 결과는 우리가 확인할 수 없지만 순종했고, 믿음으로 그 길을 벗어나지 않았고, 그리고 끝까지 완성하는 것에 집중했다는 것이 우리의 마지막 고백이면 됩니다.

그러려면 나의 달려갈 길 즉, 하나님께서 내게 주신 길이 무엇인가를 찾아야 하고 또한 내가 하나님께서 주신 길 위에 서 있는지 그리고 믿음으로 그 길 위에서 인내와 순종함으로 가고 있는가를 확인해야 합니다. 그래야만 우리는 매일 자신에게 묻고 답할 수 있습니다.

"나는 오늘도 내게 주신 길 위에서 맡기신 사명을 잘 이루었습니다."

이것이 하나님 앞에 서는 우리의 일상의 고백이 되었으면 좋겠습니다.

크로노스의 시간 속에서 카이로스를 살아가는 사람들

우리는 크로노스의 시간 속에서 카이로스의 시간을 살아가는 사람들입니다. 내게 주어진 시간은 언제나 끝을 향해 달려갑니다. 사라짐에 아쉬움과 두려움만 가지지 말고 카이로스로 살아가면서 다음과 같이 인생 질문을 던져야 합니다.

> '나는 무엇을 지키며 살아왔는가?'
> '나는 어떤 삶을 살아왔는가?'
> '나는 내게 주신 사명과 목적을 다 이루었는가?'

디모데후서 4장 7절에 나오는 세 동사는 모두 완료형으로 기록되어 계속해서 우리의 삶에서 행해야 하는 것을 강조하고 있습니다. 계속해서 지키고, 계속해서 싸우고, 그리고 계속해서 마치는 삶을 살아야 합니다.

우리가 지켜야 하는 것을 위해 싸우고, 마칠 수 있는 삶을 살아가는 것이 카이로스로 살아가는 성도의 삶입니다, 그럴 때 우리는 인생의 끝자락에서 주님을 향해 '믿음을 지켰고, 선한 싸움을 싸웠고 그리고 달려갈 길을 마쳤습니다'라고 고백하며 삶을 마칠 수 있게 될 것입니다.

Manual Project 매뉴얼 프로젝트

제2부
제5장 카이로스로 바라보는 크리스천의 죽음관
[디모데후서 4:6-8]

마음 열기

Q) 만약 당신에게 마지막 5분이 주어진다면 어떤 것을 하며, 어떻게 시간을 보낼 것입니까?

본문 연구

1) 카이로스로 자기의 죽음을 바라보는 사도 바울이 보여 주는 죽음에 대한 태도는 무엇입니까?(딤후 4:6-8)

2) 죽음 이후 하나님께서 예비하실 것이라고 믿고 있는 것은 무엇입니까? (딤후 4:8)

3) 카이로스의 특별하고 의미있는 만남(8)을 위해 바울이 삶으로 준비한 것은 무엇입니까?(딤후 4:7)

말씀 거울

Q) 말씀이라는 거울 앞에 드러난 나의 모습을 찾아보십시오.

나는 어떤 사람이었습니까? (~ 인 나)

왜 그러한 모습으로 살아왔습니까?

나눔과 적용

1) 당신은 무엇을 지키며 살아가고 있습니까, 또한 당신이 지금 지키고 있는 것이 죽음 이후의 삶에 어떤 영향을 미칠까요?

그렇다면 이제부터 당신이 지켜야 하는 것은 무엇입니까?

왜 그것을 지켜야 할까요?

2) 당신은 어떤 삶을 살고 있으며, 그 삶의 목적은 무엇입니까?

그 삶이 하나님과 어떻게 연결됩니까?

(예를 들어 '하나님께서 보시기에 좋은 삶인지? 하나님의 뜻대로 살아가는 삶인지? 하나님께서 원하시는 열매의 삶인지?')

당신의 삶을 바꾸기 위해 어떤 결단이 필요할까요?

3) 하나님께서 당신에게 주신 달려갈 길(사명) 위에서 무엇을 이루었습니까?

당신의 사명은 무엇이고, 그 사명을 이루기 위해 어떤 노력을 하고 있습니까?

당신의 마지막 시간이 다가왔을 때 당신은 위의 세 가지 질문에 어떤 답을 할 것입니까?

제6장

쓸모없는 이를 위한 죽음

[로마서 5:6-11] ⁶ 우리가 아직 연약할 때에 기약대로 그리스도께서 경건하지 않은 자를 위하여 죽으셨도다 ⁷ 의인을 위하여 죽는 자가 쉽지 않고 선인을 위하여 용감히 죽는 자가 혹 있거니와 ⁸ 우리가 아직 죄인 되었을 때에 그리스도께서 우리를 위하여 죽으심으로 하나님께서 우리에 대한 자기의 사랑을 확증하셨느니라 ⁹ 그러면 이제 우리가 그의 피로 말미암아 의롭다 하심을 받았으니 더욱 그로 말미암아 진노하심에서 구원을 받을 것이니 ¹⁰ 곧 우리가 원수 되었을 때에 그의 아들의 죽으심으로 말미암아 하나님과 화목하게 되었은즉 화목하게 된 자로서는 더욱 그의 살아나심으로 말미암아 구원을 받을 것이니라 ¹¹ 그뿐 아니라 이제 우리로 화목하게 하신 우리 주 예수 그리스도로 말미암아 하나님 안에서 또한 즐거워하느니라

1956년 1월, 짐 엘리엇과 그의 동료 선교사들은 에콰도르 정글 지역에 있는 아우카족에 복음을 전하기 위해 들어갔습니다. 이 아우카족은 호전적이고 사나워서 이 부족과 접촉해서 살아남은 사람들은 없었습니다. 그래서 이들에게

는 살인 부족이라는 악명이 붙여졌습니다. 그런 이유로 그곳엔 어떤 선교사도 들어갈 수 없었습니다.

짐 엘리엇은 다음과 같이 말했습니다.

> 어떤 사람은 복음을 한 번도 듣지 못하는데 어떤 이들은 왜 두 번씩이나 복음을 들어야 합니까?

그러고는 복음을 한 번도 들어보지 못한 아우카족에게 복음을 전하기로 결심합니다. 6년 동안 하나님께 기도하며 그곳으로 보내 달라고 간구했습니다. 아우카족에게 가기 위해 그는 에콰도르 선교사가 되었고 그곳에서 선교 준비를 하게 됩니다. 몇 년 동안 아우카족을 만나기 위한 준비를 합니다.

동료 선교사 4명과 함께 경비행기를 타고는 틈틈이 아우카족이 사는 정글 숲속을 뒤졌습니다. 그들이 사는 지역에 선물이나 성경책 또는 메시지가 담겨있는 종이를 떨어뜨리기도 했습니다.

때가 되었다고 생각한 짐 엘리엇과 동료 선교사들은 드디어 아우카족의 땅으로 들어가게 됩니다. 그날 아침, 짐 엘리엇 선교사의 아내는 아우카족으로 나가는 남편을 보는 순간 다시는 보지 못할 것이라는 마음이 들었습니다. 그러나 힘든 사역의 길을 떠나는 남편을 묵묵하게 응원하며 떠나보냅니다.

아우카족이 사는 지역에 들어간 짐 엘리엇과 동료 선교사들은 안타깝게도 아우카 전사들의 창과 도끼 앞에 잔인하게 죽임을 당합니다. 짐 엘리엇과 그의 동료들의 주머니에는 자신들을 지킬 수 있는 권총이 있었지만, 그들은 총을 사용하지 않았고 자신들의 죽음을 받아들였습니다.

이후 「라이프」지와 「타임」지는 이 사실을 보도하면서 분노합니다. 당시 「라이프」지에서는 이 사건을 10페이지에 달하는 기사로 다루면서 "이 얼마나 불필요한 낭비인가"라며 그들의 죽음에 대해 의문을 제기했습니다.

"이 장래가 촉망되는 젊은이들이 도대체 무엇 때문에 멀리 남미까지 가서 불필요한 죽임을 당해야 하는가?"

한 기자는 짐 엘리엇의 아내인 엘리자베스를 찾아가 인터뷰를 하면서 또다시 "이 얼마나 불필요한 낭비입니까"라고 말했습니다. 그러자 그 당시 20대 초반밖에 안 되던 그의 아내가 그 기자를 똑바로 바라보면서 이렇게 항의했습니다.

"낭비라니요. 왜 그런 말씀을 하십니까?

나의 남편은 어렸을 때부터 이 순간을 위해 준비했던 사람입니다. 내 남편은 이제야 그 꿈을 이룬 것뿐입니다. 이후로부터는 다시는 내 남편의 죽음을 낭비라고 말하지 마십시오"

쓸모없는 낭비

사람들은 자신들이 가지는 가치와 기준을 따라 '필요와 불필요를 그리고 쓸모와 쓸모없음'을 판단합니다. 마태복음 26장을 보면 예수님의 머리에 귀한 향유를 부은 여인이 있었습니다. 그때 제자들이 보고 분개하며 말합니다.

> … 무슨 의도로 이것을 허비하느냐(마 26:8).

그들은 여인의 귀한 행위를 '허비'라고 보았던 것입니다. 그러나 예수님께서는 "그녀가 내게 좋은 일을 하였다"라고 말씀하십니다. 그리고 오늘 우리는 사람들이 보기에 불필요하고 쓸모없는 낭비처럼 보이는 한 사람의 죽음을 만나게 됩니다. 그것은 예수님의 죽음이고 본문 6절 말씀처럼 그가 "경건하지 않은 자들"을 위해 죽으신 것입니다. 여기서 말하는 "경건하지 않은 자"란 하나님을 믿지 않는 자들 혹은 하나님께 불의한 자들, 범죄자들 그리고 하나님과 그의 뜻에 대한 경멸을 나타내는 자를 의미합니다.

> 의인을 위하여 죽는 자가 쉽지 않고 선인을 위하여 용감히 죽는 자가 혹 있거니와(롬 5:7).

솔직히 의인을 위하여 죽는 것도 쉽지 않습니다. 선인을 위해 용감히 죽는 자도 혹 있습니다. 여기서 말하는 '선인'이라는 사람은 선하고 고귀한 사람을 의미합니다. 이들은 모두 목숨을 바쳐 희생할 만한 가치를 가진 자를 의미합니다. 이왕이면 의인이나 선인을 위해 죽는 것은 고귀하고 가치가 있어 보이는데 우리 주님께서 죽으신 죽음은 의인이나 선인이 아닌 '경건하지 않은 죄인들을 위한 죽음'이었습니다.

『메시지』 성경에는 이러한 죄인들을 "쓸모없는 자"라고 소개합니다. 예수님의 죽으심은 바로 쓸모없는 자를 위해 죽으신 것입니다.

쓸모없는 자를 위한 죽음

그렇다면 왜 주님께서는 쓸모없는 자들을 위한 죽음을 선택하셨을까요?

그 쓸모없는 자가 저와 여러분들이기 때문입니다. 주님께서 우리를 위해 죽으신 이유가 우리가 쓸모 있어 살리신 것이 아닙니다. 우리가 구원을 받을 만한 가치 있는 인생이거나 또한 우리의 어떤 행위 때문이 아닙니다.

그렇다면 주님의 죽으심의 진짜 이유가 무엇일까요?

사랑을 위해 죽다(8절)

> 우리가 아직 죄인 되었을 때에 그리스도께서 우리를 위하여 죽으심으로 하나님께서 우리에 대한 자기의 사랑을 확증하셨느니라(롬 5:8).

예수님의 죽으심 이유를 '하나님께서 우리에 대한 자기의 사랑을 확증하시기 위함'이라고 소개합니다. 여기서 말하는 "확증"이라는 단어는 '드러내고 증명하다, 분명히 나타내다'라는 의미입니다. 이 말은 나타내고 증명하기까지 사람들이 그 사랑을 잘 알지 못한다는 의미가 되기도 합니다.

> 사랑하지 아니하는 자는 하나님을 알지 못하나니 이는 하나님은 사랑이심이라(요일 4:8).

사도 요한은 하나님의 속성을 "사랑"이라고 소개합니다. 이 말의 의미는 하나님께서는 사랑 그 자체라는 말입니다. 사랑은 하나님의 존재적인 속성이며, 사람의 가치나 행위에 따라 그의 사랑이 변하지 않습니다. 예수님의 죽음 이전까지 세상은 하나님의 사랑의 깊이와 크기를 전혀 가늠하지 못했습니다. 그런데 하나님의 아들이신 예수님의 죽음으로 세상은 드디어 하나님의 사랑을 알게 됩니다.

요한복음 3장 16절 말씀처럼 하나님께서 세상을 이처럼 사랑하사 자기의 독생자를 주셨습니다. 우리를 향한 하나님의 사랑의 무게가 자신의 독생자를 주시기까지 한 사랑이라는 것을 드디어 세상이 알게 됩니다.

세상은 쓸모없는 자를 사랑하지 않습니다. 따돌리고 차별하고 외면합니다. 또한, 자신을 적대하고 미워하고 불의하게 대하는 자에게 사랑을 주지 않습니다. 그러나 하나님의 사랑은 우리의 행위와 모습과 상관없이 우리에게 주어졌습니다. 우리가 연약할 때(6절), 우리가 죄인 되었을 때(8절) 그리고 우리가 원수 되었을 때(10절) 하나님의 사랑이 십자가의 예수님을 통해 우리에게 주어졌습니다.

영화 〈모스트〉(MOST)

체코 단편 영화 가운데 〈모스트〉(MOST)라는 영화가 있습니다. 개폐식 다리를 조작하여 기차와 배가 안전하게 지나갈 수 있도록 돕는 관리자로 일하던 아버지에게 아들이 방문하게 됩니다. 배가 다리 밑을 통과하여 벗어나고 있을 즈음 멀리서 빠른 속도로 기차가 달려오고 있습니다. 기차의 기관사는 배가 지나가고 있으니 속도를 줄이고 기다리라는 빨간불을 미처 확인하지 못하였고, 아버지 역시 기차가 달려오고 있다는 사실을 인지하지 못합니다.

강에서 낚시하고 있던 아들은 그 사실을 깨닫게 되었고 아버지에게 기차가 들어온다고 소리를 쳤지만 아버지는 기계실의 소음 때문에 듣지 못합니다. 위험을 감지한 아들은 자신이 다리 위로 올라가 다리 밑쪽에 있는 기관실의 수동 레버를 당기려고 합니다. 겨우 레버에 손이 닿으려는 순간, 몸의 중심을 잃고 아들은 기계 속으로 빨려 들어가게 됩니다. 기차 기관사가 울리는 기적소리를 듣고 위험을 감지하게 된 아버지는 무의식적으로 다리 밑에서 놀고 있는 아들을 살피지만 보이지 않습니다.

그러는 사이 기차는 다가오고 신속히 레버를 당겨야 하는 아버지는 사방을 둘러보며 아들을 찾다가 그만 다리 아래로 빨려 들어가는 아들의 모습을 보게 됩니다. '아들'과 '기차'의 상반된 운명은 아버지의 선택에 놓이게 됩니다. 아들을 구하기 위해 다리를 내리지 않는다면 수많은 사람이 탄 그 기차는 강 아래로 곤두박질칠 것이고, 다리를 내리면 아들은 죽게 됩니다. 선택해야만 하는 아버지는 결국 다리의 레버를 내리게 되고 그와 동시에 그는 절규하게 됩니다.

체코어로 'most'라는 단어는 '다리'라는 뜻입니다. 그런데 영어에서는 '대부분의'라는 뜻이 있습니다. 여기에 정관사 THE를 붙이면 '최고의, 지극한'이라는 뜻이 됩니다.

아버지는 기차를 타고 지나가는 사람들을 위해 최고의 희생(The most)을 치르게 됩니다. 그것은 기차가 지나갈 수 있도록 다리(most)를 만들어 준 것입니다. 그러나 대부분(most) 사람은 아버지가 행한 일을 알지 못하고 지나갑니다. 기차 안의 풍경은 웃고 떠드는 승객, 사랑을 나누는 사람들, 그리고 아무 생각 없이 창밖을 내다보는 사람들 그리고 마약을 하며 죄 가운데 살아가고 사람들로 가득 차 있었습니다. 그들 중 아무도 아버지의 희생을 알지 못하고 자신들의 일상만 즐기며 살아가고 있었습니다.

예수님의 죽음 앞에 세상의 반응도 마찬가지입니다. 하나님의 사랑이 세상을 죄에서 살리셨지만, 세상은 하나님과 사랑과 구원을 알지 못합니다. 이 영상의 뒷부분을 보면 3년 후 아들을 잃은 아버지와 마약을 하려다 창문 너머로 아버지를 바라보던 한 여인이 운명처럼 길 위에서 만나게 됩니다. 그 여인은 마약을 끊고 결혼을 해서 태어난 아이와 함께 길을 걸어가고 있었습니다.

자기 아들을 희생시켜 만들어 낸 구원이 한 사람의 인생을 새롭게 바꾼 것을 보며 아버지는 미소를 짓습니다. 마찬가지로 아들의 죽음을 통해 최고의 사랑을 보여 주신 하나님께서도 우리가 하나님의 사랑을 깨닫고 새로운 삶을 살아갈 때 미소를 지으십니다. 우리에게 주신 구원의 가치와 하나님의 사랑의 은혜를 기억하여 주 안에서 새로운 삶을 살아가야 합니다.

칭의를 위해 죽다 (9절)

칭의(稱義)라는 단어는 예수님의 완전한 의에 근거하여 죄인을 의롭다고 선언하시는 하나님의 법적 행위입니다. 본문 8절 말씀처럼 "우리가 죄인이었을 때" 그리스도께서 우리를 위하여 죽으셨습니다. 죄인이라는 말은 죄인의 신분과 죄인이 받을 형벌 즉 하나님의 진노하심 앞에 서 있음을 의미합니다. 그런데 예수님의 죽으심은 우리의 모든 죄와 형벌까지 가져가셔서 십자가에서 죽으신 것입니다. 그로 인해 우리의 죄가 용서받고 의롭다 하심을 받게 되었습니다. 칭의가 이루어진 것입니다.

예수님의 죽음은 죄인 된 우리의 칭의를 위한 죽음이었습니다. 정말 우리가 죄가 없어서 칭의해 주신 것이 아니라 우리의 모든 죄가 예수님께로 전가되었고 그로 인해 법적으로 의롭다고 선언해 주신 것입니다. 마틴 루터는 이를 "위대한 교환"이라 불렀고 이 위대한 교환이 없었다면 죄인인 우리에게는 아무런 소망이 없었을 것입니다.

전적 무능력

우리는 의를 행하기에 연약한 자입니다. 전적으로 무능함의 상태입니다. 우리 힘으로는 하나님의 의를 얻을 수도 또한 우리의 죄의 문제를 해결할 수 없습니다.

한 교회학교 전도사님이 아이들에게 설교하기 위해 실타래를 들고 강단으로 올라갔습니다. 그리고 아이 중에 힘이 좋은 아이 한 명을 올라오게 했습니다. 그리고 그 아이에게 가느다란 실을 보여 주며 '이것을 끊을 수 있겠느냐'고 물었습니다. 그러자 아이는 '당연히 자신이 할 수 있다'라고 말합니다. 그리고 그 실을 쉽게 두 손으로 끊어버렸습니다. 그러자 전도사님이 이번에는 '이 실타래의 실로 손을 꽁꽁 묶으면 끊을 수 있겠느냐'라고 물었습니다. 한번 그 줄을 끊어본 아이는 '자신이 그 실을 끊을 수 있다'고 말했습니다.

그러자 이번에는 또 다른 한 아이를 불러 이 실타래의 실을 가지고 힘센 아이의 손을 묶으라고 말합니다. 이후 그 아이가 자신의 온 힘을 다해 자신을 묶은 줄을 끊으려고 노력했지만, 소용이 없었습니다. 힘을 쓸수록 더 손목이 조여오며 고통이 더해졌습니다. 그때 전도사님이 말합니다.

> 우리는 죄의 문제를 가볍게 여기고 스스로 이 문제를 해결할 수 있다고 생각하지만, 죄가 더해지고 죄가 우리의 삶을 묶게 되면 아무리 힘센 사람이라고 할지라도 꼼짝하지 못하고 무능력에 빠지게 되는 것입니다.

칭의(Justification)와 정당화(Justify)

다시 말해, 우리의 죄의 문제는 우리 스스로 해결할 수 없습니다. 우리는 전적으로 무능력한 자이기 때문입니다. 그리고 세상의 그 어떤 것을 통해서도 우리의 죄 문제를 해결할 수 없습니다. 왜냐하면, 하나님께서 예수님 외에 다른 방법을 우리에게 주지 않았기 때문입니다. 예수님께서 우리의 죄의 문제를 해결하시기 위해 죽으셨고 예수님의 대속으로 인해 우리는 칭의, 곧 의롭다 하심을 얻게 되었습니다. 그러나 '칭의'(Justification)를 받지 않은 자들은 죄 가운데 살아가면서 자신의 죄를 '정당화'(Justify)하면서 살아갑니다.

그러므로 그리스도 예수의 죽음의 이유가 우리의 칭의를 위해 죽으셨다는 사실을 기억하고 믿는다면 이제는 주 안에서 칭의된 자답게 완전한 자유를 누릴 수 있어야 합니다.

화목제물로 죽다 (10절)

> 이 예수를 하나님이 그의 피로써 믿음으로 말미암는 화목제물로 세우셨으니 이는 하나님께서 길이 참으시는 중에 전에 지은 죄를 간과하심으로 자기의 의로우심을 나타내려 하심이니 (롬 3:25).

하나님께서 예수님을 화목제물로 세우셨습니다. 구약 제사에서 화목제물은 하나님과 관계 회복을 위한 목적으로 드려졌는데 화목과 화해를 위한 목적으로 드리는 제물을 의미합니다.

본문 10절에도 "우리가 원수되었다"라고 말합니다. 이 말은 하나님과 적대적인 위치에 서 있음을 의미합니다. 그런데 그의 아들의 죽으심으로 말미암아 우리가 하나님과 화목하게 되었습니다. 여기서 화목이라는 단어는 '화해시키다'라는 의미인데 하나님과 사람 사이의 적대감을 제거했다는 의미입니다.

회복과 화해

예수님의 죽으심의 이유가 결국 하나님과의 관계를 회복하기 위해 다시 말해 하나님과의 적대감을 제거하고 다시 화해시키기 위해 자기 자신을 화목제물로 드리신 것입니다. 에베소서 2장 14절은 분명하게 말합니다.

> 그는 우리의 화평이신지라 둘로 하나를 만드사 원수 된 것 곧 중간에 막힌 담을 자기 육체로 허시고(엡 2:14).

예수님께서 십자가에서 하나님과 화목을 이루어내셔서 하나님과 원수 된 우리의 관계를 십자가로 소멸하신 것입니다. 그래서 다시 하나님께 나갈 수 있게 되는 은혜를 우리가 얻게 되었습니다. 그 결과 하나님과 화목하게 된 자들은 11절 말씀처럼 "하나님 안에서 즐거워하며" 살아가게 됩니다. 하나님 안에서 즐거워하며 살아가는 성도는 하나님과 화목 된 상태가 되었음을 증명하는 것입니다.

쓸모 있는 자가 되기 위한 용기

우리는 모두 쓸모없는 자들이었습니다. 그런데도 우리 주님께서는 사랑을 위해 죽으셨고, 칭의를 위해 죽으셨고, 그리고 화목제물이 되시기 위해 죽으셨습니다. 주님의 죽으심으로 우리는 하나님의 사랑을 알게 되었고, 칭의를 통해 죄에서 자유로움을 얻었고, 하나님과 화해함으로 즐거워하며 살아갈 수 있게 되었습니다. 그렇다면 이제 우리는 하나님께 쓸모 있는 자가 되기 위해 용기를 내야 합니다.

물론, 하나님께서 우리를 살리시고 구원하신 이유가 어떤 쓸모를 위함이 아닙니다. 그러나 쓸모없는 우리를 위해 그 큰 사랑을 보여 주셨기에 우리는 그 사랑의 가치에 맞는 쓸모 있는 삶을 결단해야 합니다. 그 삶이 바로 하나님의 사랑을 세상에 전하고, 진정한 자유로움으로 하나님의 영광을 위해 살아가고 하나님과 화해한 자가 누리는 진정한 기쁨을 세상에 나누는 삶을 살아가는 것입니다.

Manual Project 매뉴얼 프로젝트

제2부
제6장 쓸모없는 이를 위한 죽음
[로마서 5:6-11]

마음 열기

Q) 당신은 쓸모 있음과 쓸모없음을 어떤 기준으로 구분합니까?
쓸모 있다고 판단되는 자에게 어떻게 행동하고 반응합니까?
만약 당신이 어디에선가 쓸모없는 자라는 생각이 든다면 어떻게 행동하게 될까요?

본문 연구

1) 그리스도 예수는 어떤 이들을 위해 죽으셨습니까?(롬 5:6, 8, 10)

2) 예수님께서 십자가에서 죽으신 이유가 무엇입니까?(롬 5:8)

3) 예수님의 죽으심의 결과로 우리가 얻게 된 것은 무엇입니까?(롬 5:10)

말씀 거울

Q) 말씀이라는 거울 앞에 드러난 나의 모습을 찾아보십시오.

나는 어떤 사람이었습니까? (~ 인 나)

왜 그러한 모습으로 살아왔습니까?

나눔과 적용

1) 예수님의 죽으심이 쓸모없는 자를 위한 희생이라는 것에 대해 어떻게 생각하십니까?

그 쓸모없는 자라는 개념 속에 혹시 당신도 포함된다고 생각하십니까? 쓸모없는 자를 위해 보여 주신 하나님의 사랑으로 구원받았다면 당신은 앞으로 어떻게 살아가야 할까요?

2) 죄인 된 우리를 칭의하시기 위해 주님께서 죽으셨는데 당신에게는 죄인 됨에 대한 자의식이 있습니까, 또한, 죄의 문제를 내 힘으로 해결할 수 없다는 사실을 알고 있습니까?

그렇다면 당신은 칭의로 인해 죄에서 자유로운 삶을 살고 있습니까? 아니면 자신의 죄를 정당화하면서(justify) 살아가고 있습니까?

3) 당신과 적대적인(껄끄러운) 관계를 유지하고 있는 사람이 있습니까?

그리스도께서 화목제물로 자신을 드렸듯이 원수 된 자들과 화해하기 위해 어떤 노력을 해보았습니까?

어떤 노력을 더 해야 할까요?

그러한 행동을 해야 하는 이유가 있습니까?